孩子的安全关系一个家庭的幸福和稳定
安全教育是为人父母的第一堂教子必修课

安全教育宝典

孩子幼弱，社会复杂，意外随时降临，危险无处不在，孩子一旦遇上危险却不会应对，后果将不堪设想！教给孩子最关键最基本的安全自救常识，是对孩子生命、健康、成长乃至一生最大的负责。

万小遥　王思渔◎编著

一定要教给孩子的60个安全自救细节

商务印书馆国际有限公司

图书在版编目 (CIP) 数据

一定要教给孩子的 60 个安全自救细节 / 万小遥，王思渔编著 . —北京：商务印书馆国际有限公司，2011.6（2014.5重印）

ISBN 978-7-80103-737-4

Ⅰ . ①一… Ⅱ . ①万… ②王… Ⅲ . ①自救互救—儿童教育：家庭教育 Ⅳ . ① X4 ② G78

中国版本图书馆 CIP 数据核字 (2011) 第 048527 号

一定要教给孩子的 60 个安全自救细节

编　　著　万小遥，王思渔

责任编辑　高　崎

出版发行　商务印书馆国际有限公司

地　　址　北京市东城区史家胡同甲 24 号（100010）

电　　话　010—65592876(总编室）　010—65227580（编辑部）
　　　　　　010—65598498（市场营销部）

网　　址　www.cpi1993.com

经　　销　全国新华书店

印　　刷　北京信彩瑞禾印刷厂

开　　本　710mm × 1000mm　1/16

字　　数　180 千字

印　　张　13.75

版　　次　2014 年 5 月第 1 版第 3 次印刷

书　　号　ISBN 978-7-80103-737-4

定　　价　26.00 元

前言

Preface

孩子的安全是父母的头等大事。

当你的孩子独自在家有陌生人敲门时，当你的孩子接过陌生人给的糖果准备吃时，当你的孩子在玩火时，当你的孩子沉迷于网络不能自拔时，当你的孩子冒冒失失过马路时……潜在危险和意外事故随时都可能降临在他们的身上。

这些危险和事故，既有外界环境剧变造成的，也有坏人蓄谋策划形成的，更多的是孩子自身缺乏应对危险的技巧导致的。

对于自然灾难，像地震、雷电、沙尘暴等，一旦发生，孩子只会哭天喊地，手忙脚乱，不知所措，更不懂得如何自救。

对于坏人的乘虚而入，像入室抢劫、欺骗拐卖、性伤害等，孩子只剩下了惊恐害怕，不知道冷静地创造或等待时机逃生。

对于日常生活中的潜在危险，像交通事故、意外伤害、食物中毒、网络诱骗、心理疾病等，孩子没有具体的防范意识，不知道自己正一步步接近危险……

面对这些危险和困境，孩子极可能受到伤害，乃至失去幼小的生命。据最新调查显示，全国每天约有 50 名孩子在交通事故、食物中毒、溺水、房屋倒塌、自然灾害等事故中永远地离开了爸爸妈妈。

如果孩子具备一定的安全自救能力，约 80% 的事故是完全可以避免的。

孩子的安全大于一切，孩子的安全教育刻不容缓！

让孩子远离危险，教孩子自我救护，是父母们对孩子最大最深的爱。

安全教育不能只靠社会、靠学校，父母的教育才最贴心最周到。不仅要让孩子树立远离危险的意识，还要教给孩子实实在在的安全自救细节。这样一旦面临危险和困境，孩子才能能够果断、正当地进行自救自护，最终化险为夷。

父母怎样才能培养孩子这些自我保护的能力呢?

父母应从身边的事情引导，让孩子明白到底哪些情况下危险会降临到自己身上，甚至可以让他受点小苦头。比如，带孩子出去的路上看到有人在打架，孩子好奇要过去看看，父母劝说孩子不听，结果在看别人打架的时候被周围的人碰撞了一下，隐隐疼了一会儿。这时父母抓住机会教育孩子，估计孩子以后再也不会看别人打架了。

父母要以身作则，带头让孩子远离危险和伤害。比如，只有父母遵守“绿灯行、红灯停”的交通规则，孩子才可能跟着遵守交通规则，当他一个人过马路的时候才会更安全。再比如，如果父母经常在孩子面前打麻将、赌钱，还时不时告诉孩子其中的奥妙，让他赌上一把，试想一下，在这样环境里成长的孩子难保不熏染上恶习，就有可能毁掉孩子的一生。

父母可以通过游戏、模拟的方式指导孩子在面对危险时如何自救。比如，为了让孩子记住家里的电话号码，以防被拐骗或走失后能迅速联系到家人，可以和孩子一起玩“聪明孩子智斗人贩子”的游戏，让孩子在合适的机会给父母打电话求救。寓教于乐，孩子自然而然地就把家里的电话号码记住了。

……

孩子是父母的寄托和希望，而安全是孩子健康成长的前提。教给孩子最关键最基本的安全自救细节，让孩子真正学会自我保护，是每位家长最基本的职责，是对孩子健康和生命最大的负责。

愿每个孩子都得到最贴心最周到的爱护，愿每个家庭都快乐幸福!

目录

Contents

目录
Contents

第 1 章
教孩子防拐防骗的安全策略

细节 1

告诉孩子不要跟陌生人走

孩子不具有辨别好人与坏人的能力，很容易被坏人骗走。家长要经常告诉孩子，如果有陌生人对他说，带他去买糖、买玩具、去坐碰碰车，都要大声喊“我不认识你”。这样，才能吓跑那些图谋不轨的坏人。

每个父母都希望自己的孩子活泼可爱，开朗聪明。因为在父母们看来，总是害怕生人的孩子，长大后会孤僻、离群、不易沟通、难相处。但事实上，大多数孩子稍微懂事一些，就开始不再害怕生人了，很容易跟别人走。

前段时间，北京市某幼儿园搞了一次安全教育调查。让家长扮演陌生人，看能不能带孩子离开幼儿园。结果是家长扮演的陌生人，很容易就把孩子带走了。有位家长去“诱骗”孩子时，说：“小朋友，你喜不喜欢小手枪啊？”孩子眨眨眼睛说：“喜欢。”家长便伸出手对孩子说：“那跟叔叔走吧。”孩子的妈妈在一旁镇定自若地告诉老师：“我们家孩子特别聪明，绝对不会跟陌生人走的。”妈妈的话还没有说完，孩子便伸出小手，跟着陌生人走了。

事后，妈妈焦急地问孩子：“你认识刚才那个人吗？”孩子摇摇头。妈妈说：“你不认识他，还跟他走，走了看不见爸爸妈妈了怎么办？”孩子一脸茫然，小手在胸前扭来扭去。看看眼前年幼无知的孩子，再想想那些丧心病狂的歹徒，父母们吓得浑身发抖。

安全教育大课堂

不跟陌生人走，要大喊：“我不认识你。”

孩子不具有辨别好人与坏人的能力。坏人很容易就把孩子骗走了。家长要经常告诉孩子，当有人对他说“我带你去买糖”“带你去买玩具”“带你去坐碰碰车”时，先不管对方是好人还是坏人，都要大声喊“我不认识你”。

告诉孩子不要跟陌生人走

陌生人要带你走，这时要大喊：“我不认识你。”

遇到陌生人跟你搭话，要赶快跑去找家长或老师。

父母要经常对孩子进行防骗小演习，提高孩子的警惕性。

有一天，一个混进学校的人贩子想拐骗一名上大班的小女孩。他对女孩说：“小朋友，想不想坐玩具车？叔叔带你去。”这个小女孩很害怕，马上大声喊起来：“我不认识你，走开啊！”这时，值班老师跑过来询问情况，陌生人竟然转身逃走了。

这个孩子很聪明。她遇到陌生人的时候，虽然很害怕但却大声地呼喊，以此来保护自己的人身安全。

告诉孩子，遇到搭话的陌生人，要跑去找家长或老师

人贩子除了会骗走孩子以外，还会动用暴力，直接把孩子抱走。家长要经常教育孩子，遇到陌生人要带他走时不要惊慌，应该马上跑去找家长或者老师。

一位妈妈带着孩子逛公园。妈妈坐在长凳上看书，孩子独自跑来跑去。突然，孩子跑到妈妈跟前说：“妈妈，那边有个阿姨说要带我走。”妈妈拉着孩子往前走，发现一个女人匆匆离开的背影。妈妈当时吓坏了，庆幸孩子跑到自己身边。

当孩子跑到家长或者老师身边，坏人就只能悻悻地离开了。所以，家长们要对你的孩子说：“如果遇到搭话的陌生人，要马上跑去找家长或者老师。”

告诉孩子，跟陌生人走了会吃不饱穿不暖，再也见不到父母

父母要经常与孩子进行防骗小演练。当孩子跟着演练中的陌生人走时，妈妈要立即上前制止孩子：“宝贝，你干什么去啊？你认识这个人吗？”孩子说：“不认识。”妈妈就要对孩子说：“不认识怎么能跟人家走呢？不认识的人会把你卖到山沟里，不让你吃饭，不让你上学，不让你看见爸爸妈妈。”你只有让孩子意识到了危险，他才不会跟陌生人走。

安全教育一点通

有些父母开始担心，让孩子对陌生人全面设防，会不会遏制孩子与人交往的能力？但是，家长们如果看到网上、报纸上一些孩子被骗走后，砍掉手脚割掉舌头，然后放在大街上乞讨的报道后，就再也不会对孩子的安全教育掉以轻心了。安全教育重如泰山，千万不能因小失大。

细节 2

孩子被陌生人跟踪该怎么办

一天放学回家的路上，丁丁发现身后有个成年人一直跟着自己。丁丁吓坏了，不知道该怎么办。再往前面走，就是一段偏僻的小路，平时丁丁就非常害怕走这段路，在有人跟踪的情下，他就更不敢走了。丁丁害怕极了，坐在十字路口的台阶上哭了起来。

当孩子在放学回家的路上，或者平时出去玩的时候，发现有陌生的成年人跟踪自己，孩子应该怎么办呢？对方有可能想跟踪行窃，也有可能想绑架、拐卖孩子。

有一名9岁的小学生，在放学回家的路上被一个陌生人跟踪。孩子非常害怕，不知道如何应对，便一溜烟地往家跑。结果，等孩子走到小区阴暗的楼道里的时候，被跟踪者一拳打晕带走了。当家长发现孩子失踪以后，四处寻找都杳无音讯。孩子最终也没有被找回来。

不要说孩子，就算是成年人被陌生人跟踪，都是一件非常可怕的事情。家长要教会孩子如何应对陌生人的跟踪，如何成功甩掉跟踪者，如何保证自身的安全。这些安全自救策略不光对孩子小时候有用，他们长大以后走上社会，也同样能派上用场。

安全教育大课堂

教孩子如何甩掉跟踪者

孩子们一旦发现被人跟踪了，一定不要害怕更不要惊慌，应该想办法把陌生人甩掉，这样就可以平平安安地回到父母身边。

甩掉跟踪者的办法很多：孩子可以拼命地跑，跑进商场、超市或者银行里，向工作人员寻求帮助；也可以不动声色地慢慢走，走到拐角处时，再使劲跑，找

孩子被陌生人跟踪该怎么办

孩子一旦发现被人跟踪，可以拼命地跑进商场、超市或者银行里，向工作人员寻求帮助。

如果发现有人跟踪，可以马上给父母打电话或拨110报警。

让孩子触动车辆警报器，将跟踪者吓跑。

个小院躲起来；或者跑入人群中，从而逃出跟踪者的视线，甩掉跟踪者。

打电话给父母或打 110 报警

一天放学回家的路上，丁丁发现身后有个成年人一直跟着自己。丁丁吓坏了，不知道该怎么办。坐在十字路口的台阶上哭起来。那个成年人刚想靠近丁丁，发现停在路边的警车后，就悄悄地溜走了。警察发现了哭泣的丁丁，问清楚缘由后，拨通了丁丁爸爸的电话。不一会儿爸爸赶来，把丁丁安全地接走了。

幸好丁丁遇到了警察叔叔，否则意想不到的事很可能会发生。如今有手机的孩子越来越多，手机不光是为了同学之间聊天用的。家长要告诉孩子，遇到有人跟踪自己时，要马上给父母打电话，或者打 110 报警。

让孩子触动车辆报警器，将跟踪者吓跑

如果是在城市里，马路边或者小区里都会有车辆停靠。假如孩子触动街边车辆的报警器，跟踪者就会心虚。他本身就在做坏事，非常害怕被人发现。而报警器一响，车主出现后，孩子可以向车主求救，大声说：“叔叔，后面有个坏人跟踪我，我不是故意的。”歹徒害怕被人发现，自然会抽身离开。但是，我们应该让孩子明白，如果车辆报警器响后，车主没有出现，应该马上离开，继续触动其他车辆的报警器。如果孩子站在原地不动，很可能会被坏人抓走。

为了防止孩子被陌生人跟踪后受到伤害，爸爸妈妈要经常叮嘱孩子，放学路上最好和同学们结伴而行。不要单独到荒凉、偏僻、灯光昏暗的地方去，避免给跟踪者提供可能的作案时机。

安全教育一点通

家长应该让孩子知道，哪些地方可以很好地甩掉坏人，比如：超市、商场、居民住宅区、游乐场等地。走到这些人多的地方以后，要马上向警察、保安、工作人员求救。如果孩子在学校附近，他可以马上跑回学校，把被人跟踪的事情告诉老师或者校长。等老师与父母取得联系后，再耐心等待父母的到来。

细节 3

陌生人的食物孩子吃还是不吃

妈妈会经常对孩子说："不要吃陌生人的食物。"但是，孩子不明白，为什么有些陌生人的食物能吃，有些陌生人的食物却不能吃呢！当陌生人给食物的时候，孩子吃还是不吃呢？

孩子们喜欢吃各种各样的小零食，不法分子正是利用孩子们贪吃的特点，对他们进行哄骗。父母常对孩子说："不要吃陌生人的食物。"但是，如果孩子拒绝吃陌生亲戚的食物，家长会说："这孩子真不懂事，快拿着吧！"孩子委屈地撅着小嘴想："妈妈不是常说，不能吃陌生人的食物吗？"孩子的小脑袋瓜里有了疑问："下次陌生人给食物，到底是吃还是不吃呢？"

前段时间，网站上报道了一个男孩在楼下的街道里玩闹时，喝了一个陌生人送给他的饮料后昏睡过去，然后被人带走挖掉了一个肾脏。好心人发现被遗弃在路边的男孩，拨打了 120 急救电话。当民警调查此事时，男孩说出事前喝过一个叔叔送给他的饮料，之后就什么也不知道了。

作为父母，你必须告诉孩子，什么样的陌生人的食物不能吃，什么样的陌生人的食物能吃。这可不是一个轻松的任务，看似很简单但很重要。

安全教育大课堂

家长在场不反对时，陌生人的食物能吃

妈妈经常教育甜甜，陌生人给的东西不能吃。有天，甜甜跟着妈妈去买菜，一位陌生人拿出了几块糖给甜甜吃。甜甜使劲地摇了摇头。站在一旁的妈妈说："阿姨给你糖吃，还不赶紧收下！"甜甜不情愿地说了声："谢谢阿姨。"

从人际关系的角度来说，即使是父母在场，也不是所有陌生人的食物都能吃。有些陌生人给的食物，从食品安全和食品营养方面考虑，如果不适合孩子吃，父

陌生人的食物孩子吃还是不吃

当陌生人硬塞给孩子食物吃时，孩子可以把食物用纸包起来，并向对方说："我留着回家吃。"

家长不在场时，所有陌生人的食物千万不要吃。

家长在场不反对时，可以接受陌生人的食物。

母们一定要出面阻止。平时父母就应经常告诉孩子："陌生人的食物可以吃，但要有两个条件：一是要有家长在场，二是家长不发表反对意见。否则，绝对不能吃陌生人给的食物。"

家长不在场时，所有陌生人的食物都不要吃

一个陌生人捧着几块饼干对兰兰说："阿姨请你吃饼干。"兰兰看着饼干眨着眼睛不肯吃。陌生的阿姨便说："好孩子，吃一块吧！我和你妈妈是好朋友。"兰兰忽然想起来，自己曾经因为不吃陌生阿姨的东西，而被妈妈训斥。同样是陌生人，上次的糖果妈妈让吃，这次的饼干肯定也能吃。于是，兰兰伸出小手，拿着一块饼干吃起来。不一会儿，兰兰在陌生阿姨的怀里睡着了。一辆黑色轿车把兰兰带走了。

孩子是未成年人，他们根本没有成年人那么强的分辨能力和反抗能力。只要孩子们一天没有长大成人，危险就一天没有消除。所以，我们要对孩子说，当家长不在场时，所有陌生人的食物都不要吃，除非获得父母的许可。

当陌生人给孩子食物吃时，家长可以让自己的孩子说："我留着回家吃。"

不管陌生人，是真心实意请孩子吃东西，还是虚情假意心怀鬼胎，告诉我们的孩子，当陌生人把食物硬塞给他吃时，可以把食物收下，并且用纸包起来放进书包或者口袋里，然后向对方说："我留着回家吃。"孩子这么做，更可以有效地保护自己的安全，心怀鬼胎的歹徒的阴谋就不会得逞。

安全教育一点通

不法之徒设置的骗局之一就是把迷药加在食物里给孩子吃。所以，家长要教孩子尽量不要吃陌生人的食物，除非得到父母的许可。陌生人的食物包括：蛋糕、饼干、面包、饮料、糖果等。

细节 4

孩子被拐骗了该如何脱身

孩子在逃跑的过程中，可以向商场、超市、居民区、派出所、银行等地逃跑。在城市中人多的地方，孩子可以一边跑一边喊：“救命啊，后面有坏人追我。”在人多的闹市中，犯罪分子不敢声张，更不敢猛追，往往会知难而退。

每个孩子都是无辜的，每位丢失孩子的父母，都会望着孩子的照片肝肠寸断。当父母们寻子无望的时候，会坐在家门口幻想孩子自己跑回来。想象辛苦养育了多年的孩子，能再次回到自己身边。

有些孩子被拐卖到山区或者贫困地区以后，只知道哭，哭过一段时间，见不到亲生父母，也就慢慢适应了。孩子慢慢忘记亲生父母，忘记自己的家，被新的“父母”重新教育。大多数被拐走的孩子，不懂逃跑不懂反抗，即使未来的命运痛苦不堪，他们也只能默默忍受。

超超 9 岁了，是一名正在上二年级的小学生。在爸爸同事的婚礼上，超超被一个陌生的叔叔带到了一个陌生地方。超超意识到自己被骗了，几次想冲出房间都被人用巴掌打了回来。几天以后，超超被转卖到在上海做生意的一对夫妇手中。这对夫妇成了超超的养父母。养父母让超超穿上破烂的衣服，然后爬在冰天雪地中乞讨。

后来，超超的养父母死于一场车祸。在超超十八岁那年，他终于回到了思念多年的家人身边。但他多年来受到的心灵和肉体的伤害，谁来弥补呢！超超非常后悔，为什么刚开始不知道想办法逃跑或者联系父母？由此看来，你只告诉孩子如何防骗还远远不够，教孩子被骗以后的自救逃生的安全知识，才显得更加实用。

孩子被拐骗了该如何脱身

如果暂时无法逃脱，要听“主人”的话。

趁“主人”不注意，可以在人多的地方设法寻机逃跑。

教孩子懂得怎样寻求外援，以便帮助自己脱身。

安全教育大课堂

告诉孩子，如果发现被拐，应该设法逃跑

家长要教孩子学会各种各样的逃跑方法，教孩子永远都不要放弃逃跑的念头。因为爸爸妈妈会一直在家里等他回来。孩子被拐卖以后，跟人贩或者买主硬拼肯定不行，而逃跑则是最好的办法。教孩子学会观察地形，学会识别方向，将有利于孩子成功逃脱。

曾经有一个上幼儿园的小男孩被坏人拐走了。小男孩趁坏人下车买烟的工夫，悄悄地溜下了车。歹徒发现后拼命地追赶，试图把到手的“猎物”追回来，但是机智的小男孩却向着人多的地方跑了过去。歹徒害怕被人发现，只好开车逃走了。这个小男孩非常聪明，他懂得抓住机会逃跑。父母要告诉孩子，当他被拐骗以后，最好的办法就是逃跑，利用歹徒吃饭、换岗、上厕所、睡觉等所有可以利用的机会逃跑。

孩子在逃跑的过程中，可以向商场、超市、居民区、派出所、银行等地逃跑。在城市中人多的地方，孩子可以一边跑一边喊：“救命啊，后面有坏人追我。”在人多的闹市中，犯罪分子不敢声张，更不敢猛追，往往会知难而退。

如果暂时无法逃脱，要听“主人”的话

有一个化名叫月月的小女孩被人拐走了。月月一路上不停地哭喊。歹徒惊慌失措害怕被别人发现，便用手使劲勒住了月月的脖子。最后，月月因缺氧而窒息身亡。当警察在公路边发现孩子时，已经变成了一具冰冷的尸体。

在被陌生人带走，又找不到父母的情况下，孩子们会非常害怕。你的孩子在歹徒面前大声哭闹，不停地叫喊，不但不能获救，反而会增加危险的系数。在教育孩子的时候，应该告诉他们，被坏人抓住以后暂时没有逃生的机会时，要假装很听话的样子，不要哭也不要闹。孩子这样做的时候，可以让“主人”放松警惕。而孩子正好可以利用“主人”放松警惕看管不严时，伺机逃脱。

教孩子懂得寻求外援，以便帮助自己脱身

教孩子向买主宣讲国家法律，告诉他们买卖儿童是犯法的，将会受到法律的

制裁。虽然，孩子通过宣讲法律来脱身的希望非常渺茫，但是这样做并不是没有必要。即使当事人不肯放孩子走，其他富有正义感的人如果了解孩子的情况，说不定就会帮助孩子逃脱或者向公安机关报案。

当你的孩子已经能够熟练地用文字表达自己意思时，要让他明白，被人控制或者囚禁起来以后，可以采用写小纸条的方式，向周围的人求救。孩子可以在纸上写道：“求好心人救救我，我被坏人拐骗到这里，我爸爸的电话是1340369××××。”如果孩子在有窗户的房间，可以把写好的纸条从窗户里扔出去，扔得越远越好。如果孩子在车厢里，可以从车窗里把纸条扔出去。孩子应该想尽一切办法，留下线索。这样才能方便父母和警察寻找和破案。

看看那些丢失孩子的父母们，哪个不是心急如焚，但很少有父母能亲自找到自己的孩子。中国地广人多，如果你的孩子真的丢了，去哪里找呢？就算累死也不一定找得到。但是，如果孩子被拐以后能够积极自救，机智逃脱，想办法与家人取得联系，平安地回到父母身边的几率就会大得多。

安全教育一点通

一定要让孩子记住父母的联系电话和家庭住址。让孩子记住父母电话的方法很多：你可以给孩子买一个玩具电话，让他练习在玩具电话上反复拨打父母的电话号码。还可以在每次奖励孩子前，让他背一下父母的联系电话，以此来检查孩子是否记牢。当孩子很流利地说出父母的电话和家庭住址时，家长要有所表示，应该让孩子感到记住这些信息是非常光荣的事情。

第2章

教孩子防不速之“客”的安全策略

细节 5

孩子独自在家，陌生人来敲门怎么办

有些家庭没有装护栏防盗门，只有一扇带猫眼的防盗门。当孩子听到敲门声后，不要急于开门，应该先站在小凳子上，透过猫眼向外面观察。记住陌生人的发型、长相、胖瘦和服装。

当父母要把孩子一个人留在家时，一定对孩子说："如果有陌生人来敲门，千万不要开门。"孩子通常会眨着一双疑惑的眼睛，半带恐惧地冲家长点点头。家长对孩子这样反复叮嘱了不下十遍以后，便放心大胆地出门了。

其实，父母们太高估了自己的教育能力了。因为歹徒会变换出各种身份来诱骗孩子开门。当孩子把门打开后，任何可怕的事情都有可能发生。前几天，网站上报道了一名儿童独自在家，一个自称是孩子父亲同事的人前来敲门，孩子便打开了门。结果，歹徒将孩子残忍地杀害，又将孩子家中的现金、首饰抢劫一空。当孩子的妈妈回到家中时，被眼前的一切吓得晕了过去。

年轻的父母们经常命令式地告诉孩子："不要开门！"但是有一天，陌生人真的来敲门了，孩子最终还是把门打开了。有的父母又气又怒，甚至把孩子一顿暴打，责问孩子："不认识人家，为什么还要开门？"这不是孩子的错，因为他们还太小，又没有接受过正规的安全知识教育，所以无法与蓄谋已久的歹徒斗智斗勇。

安全教育大课堂

教孩子说："爸爸在睡觉，等爸爸醒了你再来吧！"

有些小偷会通过按门铃，来试探业主家中是否有人。如果孩子此时不吭气，小偷以为业主家里没有人，会采取爬窗或者撬门的方式进入房间偷盗。因此，你应该对孩子这样说："当爸爸妈妈不在家，有陌生人敲门时，可以对陌生人撒个

孩子独自在家，陌生人来敲门怎么办

当孩子独自一人在家，有陌生人来访，要教孩子说：“爸爸在睡觉，等爸爸醒了你再来吧！”

让孩子从猫眼中观察陌生人的相貌，并且记住对方的特征。

有陌生人敲门，可以教孩子说：“爸爸就在楼下邻居家，我给爸爸打电话。”

小谎，就说爸爸在睡觉，让他等爸爸醒了再来拜访。”

有一个小偷，他走到一扇防盗门前敲门，里面传出来孩子的声音：“我爸爸在睡觉，等他醒了你再来吧！”当天，小偷一连敲了三家业主的门，都得到了同样的答复。这个小偷很恼火，意识到孩子可能撒了谎。但他仍然不敢贸然进入，只好讪讪地走了。

让孩子从猫眼中观察陌生人的相貌，并且记住对方的特征

有些家庭没有装护栏防盗门，只有一扇带猫眼的防盗门。那么你就要告诉孩子，当他听到敲门声后，不要急于开门，应该先站在小凳子上，透过猫眼向外面观察。如果门外是个陌生人，孩子就该提高警惕了。教孩子从猫眼中，看清陌生人的发型、长相和身材特征。等父母回到家后，让孩子把看到的情况讲述给你。这时，你该仔细想一想，看看自己是否有这样的朋友。如果有的话，打电话确认。如果实在想不起来，就要提高警惕了，小心歹徒“二进宫”。

教孩子说：“爸爸就在楼下邻居家，我给爸爸打电话。”

一天，一个7岁的女孩独自在家。听到敲门声，女孩从猫眼里看到一个陌生人。女孩说：“你找谁啊！”陌生人说：“我是你爸爸的同事，把门打开好吗？”女孩说：“我不认识你，你是陌生人。”歹徒呵呵地笑着：“叔叔不是陌生人，我和你爸爸很熟。”小女孩很聪明，她说：“爸爸就在楼下邻居家，我给爸爸打电话吧。”说完，孩子便跑到客厅打通了爸爸的手机。

孩子的爸爸一听就知道门外的人是贼。他对孩子说：“外面的人是个坏人，千万不要开门，爸爸一会儿就赶回家。”挂了电话，爸爸打通了小区保安室的电话。保安一出现，那个居心不良的敲门者马上就逃走了。因为只要孩子给父母打通了电话，他的盗窃计划只能泡汤。

告诉孩子：“不管门外是谁，只要不认识就不开门！”

歹徒为了哄骗你的孩子开门，常常会假扮成你的同事或者朋友。如果此时孩子将防盗门打开了，后果将不堪设想。因此，为了防止孩子被陌生人的花言巧语欺骗，你要告诉孩子：“不能给所有的陌生人开门，不管对方说什么。”孩子不

懂危险的存在，父母一定要耐心地教导孩子，让他们学会更好地保护自己。

安全教育一点通

父母可以把应对陌生人敲门的安全知识，渗透到与孩子的游戏当中。我们平时可以教孩子唱儿歌：“小兔乖乖，陌生人不开。拨通电话，等妈妈回来。”让孩子及时给父母打电话，父母就可以火速赶回家。假若你在离家很远的地方，不能及时赶回家，也可以拨打小区保安室、居委会、派出所值班民警的电话，请他们前去查看，帮助孩子脱离险境。

细节 6

陌生人闯入家中，孩子该如何应对

不久前，北京市石景山区发生了一起入室抢劫案件。年仅 6 岁的女孩萌萌，不但逃脱了歹徒的魔爪，而且机智地将歹徒擒获。这给无数父母的安全教育工作带来了很大的启发。

很多家长从来不注重对孩子的安全教育，总以为有父母在身边，孩子就可以高枕无忧。但是父母应该想到，如果有天孩子孤身一人面对歹徒，那时他该如何保护自己呢?

几个月前，上海市发生了一起入室杀人事件。在这起事件中，被害的孩子是一名叫高伟的 16 岁中学生。事发当天，正值高伟放假独自在家，一位陌生的外地男青年借口说要找高伟的爸爸谈工作让高伟开门。高伟毫无戒备，开门请男青年进了屋。但是，高伟发现男青年四处窥探神色可疑，于是立即请这位不速之客离开。没想到男青年猛出一拳把高伟打晕，然后开始实施抢劫。

本来高伟还可以保住性命，但是当他醒来时，看见正要收拾东西走人的歹徒。高伟一下子扑在了歹徒的身上，企图把对方制服。但是，这时的歹徒已经是急了眼的兔子，他把绳子勒在了高伟的脖子上。这名 16 岁的中学生，不但没有成功挽救家庭的财产，反而把命给搭上了。这就是我们要讨论的，当歹徒闯入家中时，孩子要不要跟歹徒拼个“你死我活”？

安全教育大课堂

告诉孩子：“发现陌生人闯入家中后，不要惊慌。”

有时候并不是孩子的原因，陌生人便闯入了家中。家长需要教育孩子的是，当陌生人已经闯入家中时，不要惊慌，更不能乱喊乱叫。有些孩子在家中发现了闯入者，便马上大声呼喊，结果遭到歹徒致命的袭击。

陌生人闯入家中，孩子该如何应对

告诉孩子，一旦发现陌生人闯入家中后，不要惊慌，以不变应万变。

父母要告诉孩子："在家中发现陌生人要迅速躲起来，并且报警。"

父母平时一定要让孩子记住家庭住址。

你要让孩子明白，只有在不害怕、不惊慌的情况下，才能够从容应对。还有一些孩子，看到陌生人进入家中，就吓得不敢动也不敢跑，只是一味地哭，这样对孩子的生命安全将会构成极大的威胁。

告诉孩子：“在家中发现陌生人要迅速躲起来，并且报警。”

不久前，发生在北京市石景山区的一起入室抢劫案件。一天晚上，萌萌和妈妈一起在看电视。不一会儿，家里来了一位陌生的阿姨。突然，萌萌看见陌生人把妈妈打晕了。尽管萌萌当时特别害怕，但她转身逃进了卧室，把房门反锁后，迅速用座机拨通了110报警电话。在等待救援的过程中，萌萌冲着窗外大声呼喊：“救命啊！快来救救我和妈妈。”很快，闻讯而来的邻居和警察，将入室行凶抢劫的坏女人带走了。

这个女孩很聪明，当她发现家中行凶的陌生人后，没有被吓住，而是马上跑进有座机的房间反锁房门，然后打110报警。女孩用这种方法，不但保证了自己的生命安全，也保护了家庭财产的安全。

当然，父母要告诉孩子，报警时要讲清楚自己家所在的小区、单元号、楼层、门牌号和所发现的情况。这就要求父母平时一定要让孩子记住自己的家庭住址。有的孩子拨通了110，却说不清楚自己的家庭住址。这样，将不利于警察开展营救工作。

安全教育一点通

当孩子需要报警求救的时候，他一定要躲进一间有电话的房子里。如果他想从窗口向外呼救，就要躲进一间有窗户的房间。如果孩子躲进一间没有窗户，也没有电话的房间里，那么，他将无法向外寻求救援。因此，教育孩子的时候，应该让他熟悉，哪个房间有电话，哪个房间有大窗户。

细节 7

家中闯入小偷，孩子该如何应对

如果孩子正在卧室或者沙发上睡觉，醒来后发现有一个小偷正在家里偷东西。这时候，孩子只有继续装睡，才是最安全的办法。让孩子在坏人面前学会伪装，才能够很好地保护自己。

孩子的心灵是纯洁的，很多孩子看到小偷行窃，自然就会义愤填膺地想去“抓小偷”，会强烈地想要把小偷教训一番。家长应该明白，孩子与小偷正面交锋是非常危险的。情况糟糕时，极有可能被小偷一击致命。

15 岁的小辉用钥匙打开家门时，听到主卧室里传来异样的声音。小辉以为卧室里的人是妈妈，便没有在意。突然，小辉被眼前的一幕吓坏了。一个黝黑的男人，正在用扳手撬家里的保险柜。小辉的猛然出现，让小偷拔腿便跑。但小辉堵住了小偷的去路，他试图从小偷手中抢回妈妈的钱包。小偷拔出匕首，狠狠地扎了过来。父母回到家中时，发现家门大开，孩子躺在血泊中。

没有哪个父母愿意看到孩子遭到不幸，但是，如果你没有对孩子进行必要的安全知识教育，没有告诉孩子遇到小偷以后，在保证自身安全的情况下再来抓小偷，活泼可爱的孩子，极有可能倒在小偷的屠刀之下。

安全教育大课堂

告诉孩子，发现有小偷进入家中后，可以装睡

小偷只为财而来，如果他们能顺利地把钱财偷走，便不会再去伤害孩子的生命。告诉孩子，不要为自己不能保护家庭财产而难过，不管是什么东西，让他去偷吧！任何东西都换不来孩子的平安和健康。

如果孩子正在卧室或者沙发上睡觉，醒来后发现有一个小偷正在家里偷东西。这时候，孩子只有继续装睡，才是最安全的办法。让孩子在坏人面前学会伪装，

家中闯入小偷，孩子该如何应对

告诉孩子，发现有小偷进入家中后，可以装睡。

告诉孩子，家中看见小偷后要学会逃跑求救。

告诉孩子，和小偷碰面后，要不哭不叫。

才能够很好地保护自己。

告诉孩子，在家中看见小偷后要学会逃跑

通常小偷身上都会带着刀，因为他们想在被人捉住的时候，拿出来吓人。当无法逃脱的时候，他们会狗急跳墙杀人逃命。而很多家长和孩子根本想不到这一点，常常为解心头之恨，总想与小偷拼个你死我活。

作为家长，你要告诉孩子，千万别做无畏的牺牲。如果发现家中有小偷，不要跟小偷理论，也不要企图自己抓住小偷。趁小偷没有发现自己，或者是趁小偷不注意时，向门外跑。跑到楼下安全的地方后，喊人求救，也可以给父母打电话或者打 110 报警。

告诉孩子，和小偷碰面后，要不哭不叫

家长一定要教孩子学会镇静。告诉孩子，当他和小偷碰面，并且被小偷勒令不许哭不许叫的时候，就千万不要哭也不要叫了。有时候，孩子的哭泣声会使小偷六神无主，他们往往会用手或者毛巾捂住孩子的口鼻，以至于造成孩子窒息而死。但是，当孩子不哭也不闹的时候，小偷通常不会对孩子施暴。相对来说，孩子就安全得多。

安全教育一点通

为了防止小偷入室抢劫，你应该让孩子养成随手关门、随时关窗的好习惯。尤其是孩子独自在家时，他应该提前检查门窗是否关好。

如果孩子被歹徒打倒在地时，应该装晕倒，或者装死。千万不能跟歹徒搏斗，以防进一步受到伤害。

细节 8

孩子在宿舍里发现小偷怎么办

有些孩子在宿舍楼道里发现东张西望、形迹可疑的陌生人，却总是不在意，也不会去告诉老师。孩子们想不到，那人可能就是专门来学生宿舍里偷东西的盗贼。发现形迹可疑的陌生人时，孩子应该及时向老师、门卫、保安报告，以防小偷进行下一步的犯罪活动。

孩子上学以后，如果需要在学校里住宿，便涉及到宿舍安全的问题。中、小学生安全防范意识不强，管理财物的能力比较低，容易给犯罪分子以可乘之机。孩子们的安全意识淡薄，他们会把 MP3、手持阅读器、手机等物品放在宿舍里。某些不法分子，甚至大摇大摆地到学生的宿舍去行窃。

据某网站报道：一名初三的女生，课间回宿舍取衣服，发现宿舍里有个成年男人正在翻自己的抽屉。女孩大声上前制止，并且质问成年男人。结果，这名歹徒将女孩强奸后又以极其残忍的方式把她杀害了。警方经过几个月的侦破，才将歹徒捉拿归案。

据犯罪分子交代，他发现有一扇窗户没有关，便产生了邪念，沿着墙头跳进了这间位于二楼的女生宿舍。本来他只是想偷点东西就走，却被独自闯进来的被害人发现，于是产生了进一步犯罪的想法。作为家庭安全教育最容易忽略的一个环节，当孩子在宿舍里发现小偷时怎么办呢？孩子如何才能保证自己的人身安全？

安全教育大课堂

当孩子发现宿舍有小偷后，他应该伺机逃出宿舍

小偷通常是穷凶极恶之人，如果把他们的火气给逼上来，就算是再年幼的孩子，他们也不会心慈手软。所以家长一定要告诉孩子，当他发现宿舍有小偷后，

孩子在宿舍里发现小偷怎么办

在宿舍内发现小偷，要马上向老师报告。

在宿舍内发现形迹可疑的陌生人，要及时报告。

告诉孩子不要随便放置自己的贵重物品。

千万不能与歹徒硬拼。最好的办法是伺机逃出宿舍，以保证自己的生命安全。

不要看歹徒的眼睛，不与歹徒正面交锋

一旦小偷被发现，他们就会非常心虚。他们害怕孩子记得自己的样子，害怕孩子正视自己的眼睛。那是歹徒道德的底线，他们无法接受。于是，当孩子没有任何逃脱的机会时，可以表现地听话一些，不要看歹徒的眼睛，也不去阻止歹徒的盗窃活动，尽量不要让歹徒把注意力转移到自己身上。那么歹徒偷完东西，便会匆匆地离开，这样，对孩子的人身伤害几率将会最小。

在宿舍内发现小偷，要马上向老师报告

13岁的毛毛是住校生。一天下午，毛毛回宿舍休息。走到宿舍门口，他发现宿舍的门是半开着的。推开门，毛毛看到一位陌生人在翻同学的箱子。毛毛轻手轻脚地退了出来，快速跑向一楼的教师值班室。毛毛把刚才看到的一幕告诉了值班的老师。随后三位男老师一起冲向了二楼。小偷被老师们用绳子绑了起来。随后赶来的警察把小偷带走了。

毛毛发现小偷后，不动声色地跑去叫老师的行为，既保证了自己的安全，也保护了同学们的财产。事后，老师和同学们都夸奖毛毛，是个既勇敢又聪明的孩子。

当孩子在宿舍内发现正在作案的小偷时，千万不要独自进入宿舍制止，这样会给孩子的生命安全带来极大的威胁。孩子应该迅速向老师或学校保安报告。抓小偷的事情由学校的老师和保安人员来解决。

在宿舍内发现形迹可疑的陌生人，要及时报告老师

有些孩子在宿舍楼道里发现东张西望、形迹可疑的陌生人，却总是不在意，也不会去告诉老师。孩子们想不到，那人可能就是专门来学生宿舍里偷东西的盗贼。发现形迹可疑的陌生人时，孩子应该及时向老师、门卫保安报告，以防小偷进行下一步的犯罪活动。

告诉孩子不要随便放置自己的贵重物品

告诉孩子不要把手机、MP3、电子阅读器、学习词典等贵重物品放在宿舍的

书桌上，更不要把它们放在床上，以免作案人员发现宿舍内无人时顺手牵羊，从而使孩子的财产蒙受不必要的损失。

为了防止孩子在宿舍内遭到小偷的伤害，应该建议孩子尽量不要独自一人回宿舍。所有人离开宿舍前，应该检查宿舍的门窗是否关严、关紧，以防歹徒从窗户里溜进孩子的宿舍。

安全教育一点通

为了防止校园内部盗窃案件的发生，你应该教孩子学会保留个人隐私。有的小朋友和同学无话不谈，把皮箱里装了多少钱随便告诉同学，结果上完课回宿舍一看，皮箱里的钱没了，于是同学们之间开始互相猜忌。这不但不利孩子性格的发展，而且不利于同学之间的团结。提醒孩子，不但要保留个人隐私，还要尊重他人隐私。

第3章

教孩子防偷防抢的安全策略

细节 9

怎样教孩子不把家庭信息透露给别人

要让孩子谨慎对待调查问卷，告诉孩子不能轻易透露家庭信息。有些家长在教育孩子的过程中，只告诉孩子不要那样做，却不告诉孩子为什么不要那样做。安全教育关系到孩子生命的安全和家庭财产安全，家长一定不要忽视，否则将会付出惨重的代价。

家长们非常注意家庭隐私。当父母们守口如瓶的时候，却不知道孩子已经把家庭信息在外面泄露了出去。你可能无法相信，仅仅因为孩子的几句话，就有可能给家庭带来一场灾难。

8 岁的豆豆走在路上，一个男人走上前问："小朋友，19 号楼怎么走？"豆豆说："往前走，一拐就是。"男人又问："你家住几号楼？你爸爸在家吗？"豆豆说："我家在 13 号楼 3 单元 402，我爸爸出差了。我妈妈姓孙……"很快，男人就敲响了豆豆家的门。

豆豆的妈妈一看是个陌生人，本来不想开门，但对方说："孙大姐，我是您爱人的同事，他出差了，让我捎封信给您。"孙女士便不再怀疑打开了门。那个男人猛地卡住了孙女士的脖子。孙女士被掐晕了，屋内的手机、项链、现金等财物被抢走了。

孩子只是随便说了几句实话，心怀鬼胎的歹徒却牢牢地记在心间。如果豆豆的家长早一点告诉豆豆，不要把家庭情况随便告诉别人，也许就不会有后来歹徒入室抢劫的一幕发生。

安全教育大课堂

告诉孩子，陌生人询问自家的情况要说："不知道！"

孩子是纯洁善良的，陌生人询问孩子家里的情况时，他往往会把知道的全说

怎样教孩子不把家庭信息透露给别人

告诉孩子，陌生人询问自家的情况要说“不知道”。

告诉孩子，谨慎对待调查问卷，尽量不填家庭信息表。

告诫孩子，上网千万不能随便填写家庭的详细信息。

出来。可能第二天就会有一个陌生人敲开孩子家的门，对孩子的妈妈说：“我是某某小朋友的老师，我是来家访的。”

如果只有孩子一个人在家时，对方有可能会说：“我是你爸爸的同事，你爸爸叫 ×××，你妈妈叫 ×××。”家长要随时教育孩子，遇到询问自己家庭情况的陌生人时，要说“不知道”“这是秘密、不能告诉你”。

告诉孩子，谨慎对待调查问卷，尽量不填家庭信息表

家长要经常提醒孩子，谨慎对待调查问卷，尽量不填写家庭信息表。当孩子答应陌生人的要求填写家庭信息表时，往往会存在很多安全隐患。

14 岁的小曹是某学校的学生。有一天，他和同学去吃肯德基。一位陌生人对小曹说：“小朋友，我是儿童心理调查工作者。帮我填写调查问卷，就可以得到一个奥特曼玩具。”根据问卷的要求，小曹填上了自己的学校、班级、家庭住址和父母的电话。五天后，小曹参加了学校组织的夏令营出去了。

随后，妈妈接到一个电话，说小曹摔伤急需要 2 万元手术费。妈妈急得像热锅上的蚂蚁。对方说如果不马上打款，孩子就会有生命危险。于是，妈妈马上向对方给的账号中打入了 2 万元，随后，那位“医院院长”的手机就再也打不通了。冷静下来后，妈妈才意识到有可能自己上当了。等找到学校老师的电话，打过去一问，才知道孩子平安无事。

如果孩子采用一种友好的态度，为了帮助问卷调查者完成工作，却把自己家的地址、电话、父母名称、学校名称和班级等信息让陌生人知道，就会对你们的家庭非常不利。

安全教育一点通

当孩子长到十几岁的时候，开始频繁地接触网络。有很多必须注册的网站，需要孩子们提交非常详细的个人信息。这时，你应该让他们提高警惕。因为这样做很危险，如果网络黑客或者骗子掌握了你们的家庭信息，很有可能进行盗窃或诈骗活动。

细节 10

如何教孩子不做“小丢丢”

不管父母怎么重申：“在外面看好自己的东西，千万别弄丢了！”孩子仍然会时不时地丢东西，小到一支铅笔、一块橡皮，大到几千块的电子词典、手持阅读器、手机等。父母们一定要亮出自己的教育高招。

很多父母会有这样的经历：几天工夫孩子就把刚买的电子表丢了；给孩子买了一顶贝雷帽，刚戴了三天，孩子就把它丢在公交车上了。父母们常常又气又怒，其实，孩子们也很难过。下面看看他们是怎么说的：

8 岁的小彤告诉同桌：“我上礼拜上完美术课，就把口琴遗失在音乐教室的凳子上了。回去找的时候，发现没有了。如果再找不到，回家后又要挨妈妈的训了。”

10 岁的迎迎哭着对妈妈说：“我的小标兵牌不见了，如果再找不到，同学们会嘲笑我，老师也会批评我的。”

欢欢对警察叔叔说：“上公交车时，妈妈给我买的英语电子词典还在书包里，下车时就没了。如果找不到，我就会遭到妈妈严厉的责备。”

孩子丢东落西的习惯实在令父母们头疼。不管父母怎么重申：“在外面看好自己的东西，千万别弄丢了！”孩子仍然会时不时地丢东西，小到一支铅笔、一块橡皮，大到几千块的电子词典、手持阅读器、手机等。对此，父母们一定要亮出自己的教育高招。

安全教育大课堂

告诉孩子，离开之前一定要看是否落下东西

如果你的孩子经常丢东西，那么做父母的就要提高警惕了。俗话说：“小时候丢针，长大了丢金。”经常丢东西的孩子，会经常遭到别人的责备，自己也会

如何教孩子不做“小丢丢”

告诉孩子，离开之前一定要看是否落下东西

告诉孩子，用完的物品要及时归回原位

父母要教孩子学会写“随身物品清单”。

背上思想的包袱。

不管孩子在任何地方做任何事，每次离开之前，应该认真检查一下周围有没有落下东西，这样，可以很好地杜绝随身物品丢失的可能性。

让孩子尽量空手到室外活动

有些孩子喜欢在课间把课本、铅笔盒、运动服、标兵牌等物品带出教室，等活动时便把物品放在操场上，上课时又忘记带回来。等记起来时，东西早被其他同学拿走了。因此，家长要经常提醒孩子，尽量空手到室外活动。如果已经带出去了，要先把物品放回教室，再进行体育活动。

告诉孩子，用过的物品要及时放回原位

教孩子把物品放回原位，可以很好地防止孩子丢东落西。这也就要求父母们要以身作则，给孩子做个好榜样。随时提醒孩子，不管是在家里还是在学校，都要养成用完物品后及时放回原位的好习惯。随时督促孩子，不让他们随手乱放东西，等孩子下次用的时候，就可以马上找到。

教孩子学会写“随身物品清单”

让孩子写一个“随身物品清单”，可以帮助他们随时清查自己的随身物品，看看是否丢失。有些孩子把雨伞丢在公共汽车上，一连过了好几天都没有想起来，等下雨时，又慌忙找雨伞。有些孩子跟同学打闹把手表弄丢了，直到父母盘问的时候都不知道什么时候丢的。孩子要每天检查自己的随身物品，并且与“随身物品清单”对照，以此来检查自己是否丢失物品，并且把丢失的物品及时找回来。

安全教育一点通

如果你做了上述的努力，仍然不能使孩子丢失物品的毛病得到改善，说明有可能是孩子的记忆力出了点小小的问题。他之所以总是丢失随身物品，有可能是记忆力不佳，父母需要给孩子补充大脑营养。情况严重时，要带孩子去看医生。

细节 11

被同学收“保护费”给还是不给

不良少年会对年龄小的孩子说：“不许告诉家长和老师，否则就打死你。”家长针对这点，也要经常对孩子说：“邪不压正，坏人总是要被打倒的，不要管对方说什么，遭到勒索就一定要告诉家长或老师。”

孩子上学后，开始慢慢接触到越来越多的孩子。父母们有没有想过，孩子在上学放学的路上，可能会被年龄更大、身体更壮的孩子勒索？他们以“收保护费”或者“赔偿”为由，向孩子勒索钱财。如果孩子不给，对方就会恶语威胁，甚至拳打脚踢。

前段时间，网上有一篇“东莞少年团伙勒索小学生，不给钱见一次打一次”的报道。说的是一位叫小军的小学生多次被高年级的同学勒索。每次遭到勒索，小军就会从家里偷钱出来交给对方。如果小军不照做，就会遭到同学的毒打。小军只能乖乖地服从，既不敢告诉父母也不敢告诉老师。当父母发现孩子偷钱后，几次盘问，终于让孩子说出了实情。小军哭着告诉父母：“一直不敢说，因为说出来他们就会打死我。”

看完这篇报道后，无数的家长开始担心孩子的安全问题。如果孩子被人勒索了怎么办？是教孩子跟那些人拼命，还是教孩子撒腿就跑？作为父母，我们应该如何教育孩子直面勒索呢？

安全教育大课堂

保持冷静，巧用“缓兵之计”

告诉孩子，被人勒索时首先要保持冷静，不要一见到气势汹汹的大孩子就吓得双腿发抖，尽量向对方说好话“我今天没带钱”“如果带钱会给你们的”“你跟我回家拿”，以防止对方恼羞成怒弄伤孩子。

被同学收“保护费”给还是不给

遇到敲诈，让孩子保持冷静，巧用“缓兵之计”。

让孩子知道，遭遇勒索后，要马上告诉家长或老师。

告诉孩子，可以跟勒索自己的同学讲道理。

还可以教孩子说："你们在这里等着，我现在就去向同学借钱。"通过这种方法趁机逃脱。如果孩子无法脱身，应该尽量拖延时间，有大人或者老师从身旁经过时要大声求救，从而使勒索者离开。

遭遇勒索后，要马上告诉家长或老师

很多孩子遭到勒索后，忍气吞声却又担惊受怕，整日在恐慌中度过。被勒索的对象，往往是些胆子比较小的孩子，他们缺乏对抗的勇气，内心中有不满却不敢说出来，更不敢告诉老师和家长。

而父母平时应该鼓励孩子，当他被同学勒索钱财时，要勇敢地告诉父母或老师。不良少年会对年龄小的孩子说："不许告诉家长和老师，否则就打死你。"家长针对这点，也要经常对孩子说："邪不压正，坏人总是要被打倒的，不要管对方说什么，一定要告诉家长或老师。"

向勒索自己的同学进行思想教育

校园内和校园外的勒索案件中，犯罪分子大多为在校和离校的未成年人。他们法律意识淡薄，不知道向他人"要"钱是违法的行为，将要受到法律的制裁。

告诉孩子，当他被人勒索时，可以向犯罪分子讲道理，告诉对方这是一种违法的行为，如果能及时改邪归正，还可以继续上学，长大后做国家的栋梁之才，如果再继续向小同学"收费"，终将会被警察抓住，被关进监狱里。通过这种方法瓦解对方的犯罪思想，使不良少年悬崖勒马。

安全教育一点通

那些经常炫耀自己家有钱的孩子，最容易成为不良少年下手的对象。因此，父母要教育孩子，不能在同学面前显富摆阔，要养成朴素着装、低调消费、勤俭节约的好习惯，这是避免被敲诈勒索的最好方法。

第4章

教孩子正确使用水、火、电的安全策略

细节 12

如何教孩子安全游泳、防止溺水

一位三十几岁的女人坐在水塘边失声痛苦。几年前，她的丈夫因病去世，今天她唯一的儿子又因为独自到水塘里去洗澡，不幸溺水身亡。当孩子的尸体被打捞上来时，妈妈怎么也不敢相信，自己一直为之骄傲的孩子，竟然不在了。

夏季快来了，孩子们早已把游泳衣、游泳镜准备齐全，但家长们却不能掉以轻心，因为每年夏天各地的儿童溺水事件总是频频发生。很多家长正是疏于对孩子进行安全教育，最后才酿成了无法挽回的悲剧。

2010 年 8 月 6 日，一个 9 岁的小男孩和亲戚家的姐弟俩一起去买棒冰。在去的路上，12 岁的姐姐看到村边的小河里有人在洗澡，于是带着 11 岁的弟弟一齐跳进了小河里。9 岁的小男孩不会游泳，只能站在路边看衣服。但是，姐弟俩跳进去就没影了。小男孩赶紧呼喊救命，等小姐弟俩被打捞上来时，已经溺水而亡。

为什么会发生这种悲剧？因为孩子游泳安全知识的匮乏。但作为家长，应该及早教孩子一些游泳安全的常识，这才是最重要的。

安全教育大课堂

游泳时一定要叫上爸爸妈妈，不能一个人去

宁宁是个 10 岁的小男孩。暑假开学后，宁宁发现同桌学会了游泳，他也想学游泳，在放学后，他偷偷跑到校外的小池塘去学游泳。9 月份的水已经很凉了，刚入水几分钟，宁宁的腿就开始抽筋，他一边喊救命，一边在水里扑腾。幸好当时有个村民从河边经过，很快将宁宁拎了起来。

有的孩子一个人悄悄地到河边、湖里游泳，由于在水中受凉，脚部抽搐，很容易发生溺水。孩子的生命将如浮萍一样，顺水而去。所以，快到夏天时，父母

如何教孩子安全游泳、防止溺水

孩子游泳时一定要叫上家长，不能一个人去。

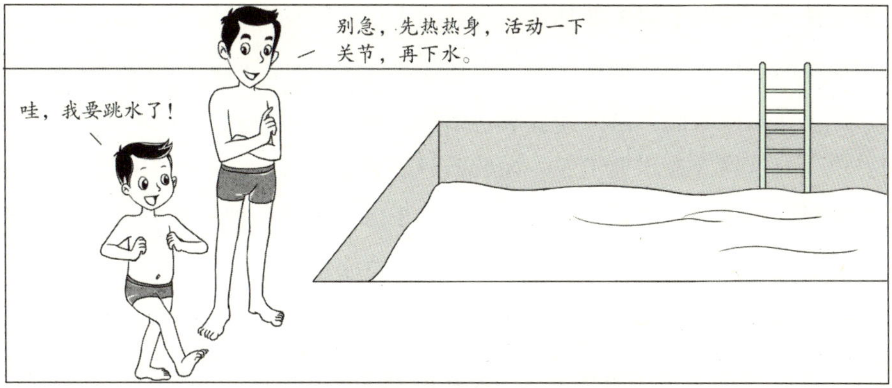

教孩子，做游泳前的热身运动，以防受伤。

教给孩子游泳时的急救自救知识。

就应该给孩子提前念好紧箍咒："宝贝，去游泳时一定要带上爸爸妈妈，千万不能一个人去！因为，那样做是很危险的。"

游泳要去正规游泳池，河沟、水塘、水库去不得

正规游泳池水质卫生、保护设施好，又有救生员监督，对孩子来说比较安全。野外的河水虽然"诱人"，却是事故频频发生的地方。因此，河沟、水塘和水库千万不能去。如果在水底有石头的地方跳水，会磕破头；如果水底有水草，孩子的脚很可能被缠住。许多孩子出事就是因为把河沟、水塘、水库当成了游泳池，一个猛子扎进去，结果再也上不来了。

教给孩子游泳时的急救自救知识

如果孩子游泳时手脚突然抽筋，应该马上停止游动，然后仰面浮在水上，试着拉伸抽筋的部位。如果抽筋现象得不到缓解，就要马上向周围的人求救。

当孩子在游泳时感觉到身体疲惫，应该立刻上岸。如果没有力气游回去，就要想办法让自己仰浮在水面上，一面放松身体保留体力，一面挥手呼救。等救援的人出现时，孩子应该尽量把手交给对方，千万不能死死地把对方抱住。否则，不但不能安全返回岸边，还有可能导致救援人员溺水。

安全教育一点通

父母带孩子去游泳时，最好是饭后一小时后。太饱或者太饿，都不宜游泳。如果孩子刚吃过饭，饭后胃部发胀，游泳时水会压迫胃部，容易发生呕吐。如果孩子在饭后数小时已经感觉到饿的时候去游泳，容易因为体力不支而发生溺水。

细节 13

如何教孩子安全燃放烟花爆竹

除夕之夜，举家团圆。但是，一对父母却焦急地抱着孩子冲向了医院的急救室。孩子满脸是血，双眼紧闭。妈妈一边哭，一边大声呼喊孩子的名字。虽然死神没有把孩子的生命带走，却夺走了孩子光明的世界。

“爆竹声声辞旧岁”“火树银花不夜天”，这些诗句描绘的都是新年的气象。可是，我们在节日狂欢的同时，别忘了安全燃放烟花爆竹的问题。烟花爆竹是极具危险性的易燃易爆品，如果不懂得正确燃放，就会伤人或者引起火灾。春节前后，孩子们凑在一起放爆竹，为了玩得开心，他们不断地变换花样，却不知道危险正在笑声中慢慢靠近。

几个八九岁的小男孩，在一起放爆竹的时候，为了寻求刺激，把鞭炮塞进了啤酒瓶里。结果点燃后，鞭炮引起了啤酒瓶爆炸，霎时间碎玻璃片满天飞，围观的孩子们无一幸免。两个孩子的眼睛，被飞来的玻璃片扎瞎了。三个孩子胳膊也被玻璃片扎伤了。

让孩子私自燃放爆竹就是这么危险。据北京市某医院的急诊科的马医生说，春节前后，医院接收的儿童急诊病人中，80% 是由于不安全燃放烟花爆竹而造成的。不正确燃放烟花爆竹，不仅会对孩子的身体造成伤害，还有可能引发火灾。引导孩子如何正确燃放烟花，是家长们必备的一课。

安全教育大课堂

烟花爆竹是危险品，不是玩具！

告诉孩子，烟花爆竹不是橡皮玩具！烟花爆竹里面装的是火药，它被引燃之后，里面的火药发生爆炸，同时放出响声并迸发火焰，这就是我们听到的鞭炮声

如何教孩子安全燃放烟花爆竹

告诉孩子，放烟花的时候，一定要大人陪同！

和孩子一起找一个安全的地方放烟花。

放爆竹的时候，要教给孩子正确的点燃姿势。

和看到的烟火。这些火药制成的烟花爆竹，在燃放的时候爆炸力很强，所以一定要小心。让孩子知道，越是好看的、放得高的烟花，越是危险。这种烟花爆炸起来威力很大，完全能把人炸伤或者炸死。告诉孩子，想放烟花的时候，一定要叫上大人陪同，千万不能自己偷偷拿出去燃放。

教你怎样正确点燃爆竹

每到放爆竹的时候，家长都会反复叮嘱孩子，燃放的过程中要注意安全。有的孩子会问："你把烟花爆竹说得这样危险，那么爸爸放的时候为什么没有出事呢？"告诉孩子，如果你学会了怎样来正确燃放烟花爆竹，就安全多了。火柴和打火机虽方便，但是明火太大，容易大面积引燃爆竹，所以不能用它。

这种姿势最安全

放爆竹的时候，要采取正确的点燃姿势。燃放爆竹首先要保护好耳朵，先将左臂伸上去，用肩膀部分护住左耳，然后左胳膊环抱头顶，伸左手捂住右边的耳朵。为了保护眼睛，点燃之前要把头偏向一边，尽量离开爆竹远一点。点燃爆竹时，应将胳膊伸长点燃引线，然后迅速跑开。

放鞭炮时，不要搞恶作剧

有的小孩胆子大，喜欢把鞭炮拿在手里放，这样做绝对不行！告诉他，万一鞭炮炸响了，他还没来得及扔出去，那就难逃厄运了。如果鞭炮在手里爆炸，不仅会炸伤手臂，还会危及脸部和眼睛。小男孩一般都比较顽皮，总是拿着小鞭炮向人堆里乱扔，这种做法很危险。千万不能拿鞭炮搞恶作剧，如果鞭炮炸到别人的头上，可能引燃头发，造成烧伤和毁容，如果引燃了衣服，也是很危险的。

找一个安全的地方放烟花

教孩子知道，放烟花爆竹首先要找一个安全的场所。放烟花爆竹绝对不能在家里燃放，即使是威力小的鞭炮也不行。家里到处都是窗帘、衣物等，如果鞭炮的火星溅到上面，就有可能会引起火灾。人多的地方也不能放爆竹，鞭炮点燃后容易乱飞乱蹦，万一溅到人群里，就会炸伤他人，或者引燃衣服。

烟花爆竹是孩子感兴趣的高危险品，如果我们现在提早教会了他们正确的燃放方法，就会避免日后发生危险和意外。孩子安全了，我们的节日才会过得更喜庆、安心。

安全教育一点通

烟火爆竹属于易燃易爆品，由成年人来燃放安全性较高，原则上不提倡儿童燃放。在购买产品时，父母最好购买正规厂家生产的、符合国家安全要求的产品，不要图便宜购买“私炮”。在选择烟花品种时，如果孩子年龄较小，就选线香类。孩子年龄大些，才可以选用玩具类烟花。

细节 14

让孩子掌握“灭火密码”，学会使用灭火器

使用灭火器之前，首先要上下摇晃几下，然后用力拉出左侧的保险栓。用一只手握住灭火器的喷嘴，另一只手用力向下按压把。当白色的粉末喷出时，将喷嘴对准火焰的根部横向扫射，便可以把火扑灭。

当孩子身边出现火情后，他除了想办法逃生外，还应该试着自己扑灭火源。这就要求你的孩子会用灭火器。如果孩子用水灭火的话，很可能会延误最佳的救火时机，从而使小火酿成火灾。

2010 年 1 月 4 日上午，中国矿业大学某宿舍内床位起火。当时情况紧急，需要学生们马上用灭火器灭火。但是，当学生们拿到灭火器后，却不知道如何使用。最后，孩子们不得不打自来水灭火。幸运的是，当时的火势很小，宿舍里的人又多，几盆水下去，火情得到了有效的控制。

通过这件事，让我们看到了青少年消防安全知识的匮乏。不要让你的孩子上了大学还不会用灭火器。

安全教育大课堂

把灭火器放在客厅，让孩子轻松找到

周末，天天一个人在家，忽然闻到一股呛鼻的烟味儿。天天跑到厨房一看，原来是垃圾筒着火了。说时迟，那时快，天天拿起门后的灭火器，拔下消防栓，按住喷嘴向垃圾筒一阵扫射。很快，火被熄灭了。天天不但救了自己，也挽救了家里的财产。

对于家庭来说，最常用的是手提式灭火器。父母应该把它们放在客厅靠墙位置或者厨房门口，这样更方便大家在第一时间找到灭火器。

父母在教育孩子的时候，应该告诉他：“如果发现家里着火了，就马上跑到

让孩子掌握“灭火密码”，学会使用灭火器

把灭火器放在客厅，让孩子轻松找到。

让孩子练习使用灭火器。

告诉孩子使用灭火器时的注意事项。

客厅寻找灭火器。它可以轻松地把火‘消灭掉’。”

让孩子练习使用灭火器

家庭教育的最好方式是，父母把教育融入到游戏中来，在轻松欢快的氛围下跟孩子一起进行使用灭火器的演练。

如果是干粉灭火器，在演练的时候，你要告诉孩子：“使用之前，首先要上下摇晃几下，然后用力拉出左侧的保险栓。用一只手握住灭火器的喷嘴，另一只手用力向下按压把。当白色的粉末喷出时，将喷嘴对准火焰的根部横向扫射，便可以把火扑灭。”

有的孩子拿起了灭火器，怎么也按不下压把。因为他没有拔出保险栓。还有一种情况是，灭火器明明打开了，却喷不出粉末来。因为里面的干粉结块了。在使用前要先把灭火器来回摇晃几下，让干粉变得松散，这样就容易喷出了。

告诉孩子使用灭火器时的注意事项

灭火器内部的压力很大，我们使用它的时候，不要把盖子和底部朝着自己的身体，万一压力过大，盖子弹出来，就会把人击伤。从灭火器喷出的物质是超低温的，人体接触到它，就会冻伤，所以绝对不能把喷嘴向人喷射。灭火器的金属导管温度也很低，所以不要用手去抓它，为了防止冻伤，正确的方法是用手握住喷嘴上的那个木把。

告诉孩子，灭火的时候一定要先保证自己的安全。刚开始起火或者火势比较小的时候，可以使用灭火器，一旦火势变大，就要先想办法逃出去。

安全教育一点通

1. 为家里准备一个灭火器，这是家长应该做的事。

2. 家长要及时对家里的灭火器进行检修。父母们还应该明白，灭火器是有有效期的。一般的手提式灭火器的使用期为 2 至 12 年不等。最常用的干粉灭火器，有效期只有 2 年。

细节 15

告诉孩子，电是个很危险的东西

一位妈妈担忧地说：“家里有两个不满八岁的孩子，天天调皮得让人头痛。一切都可以忍受，就是担心孩子乱摸电线、电器、插线板时引起触电。即使饮水机后面的电源线，他们也会站在那里又拉又拽。孩子们根本意识不到触电的危险，这该怎么办呢？”

我国每年会有超过千名的儿童遭受电击。因拉扯电线或随手触摸插线板而受伤的儿童达到 70% 以上。孩子们一旦触电，内脏就会受损，呼吸困难，严重时会窒息而死。

几个月前，黄先生 5 岁的儿子超超，将钥匙插进客厅的插线孔里，不幸触电身亡。黄先生后悔没有把屋子里的电源插座封起来，也后悔没有提前教育孩子不能用手乱摸电源插座，才导致了这样的悲剧发生。

儿童的心智发育还不成熟，不懂得触电的危险性。因为家长疏忽大意，导致儿童在家庭里触电受伤的事件频频发生。因此，在这里提醒家长，应该提早对孩子进行“反触电”教育。

安全教育大课堂

告诉孩子，不能用潮湿的身体碰触家用电器

很多孩子会有这样的习惯，刚刚洗完手，还没来得及擦干，就跑去摸家电或带电的电线。如果电器、电线漏电，孩子用湿手触摸，很容易触电。

为了防止孩子因湿手触摸电器而触电，你应该经常对他说：“宝贝，洗完手以后要马上把手擦干。如果手上又湿又潮，很容易被电伤哟！”

告诉孩子，电是个很危险的东西

告诉孩子，不能用潮湿的身体碰触家用电器。

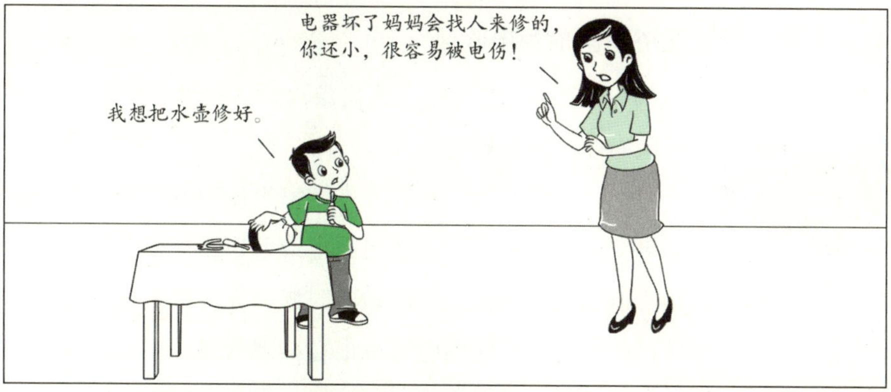

告诉孩子，不要当家里的电工。

告诉孩子，不要在浴室里使用电吹风。

告诉孩子，不要当家里的电工

12岁的男孩小凡总喜欢在家里充当电工的角色。有一天，家里的热水壶坏了，他便拿起工具把热水壶打开了。他学着爸爸的样子去拆电线，没想到，“砰”地一下，电线短路了，小凡的左手被打伤。

有些孩子很喜欢学着电工的样子，给家里的电器进行简单维修，而父母们甚至会觉得自己的孩子很能干。其实，随意拆装家用电器，是非常危险的事情。尤其是青少年儿童，很容易因触电而威胁到他们的生命安全。

当家里的电线、电器等出现故障时，你应该请专业的维修师傅进行维修。告诉你家的宝贝：“电线破损了，妈妈会找电工来修，自己千万不要偷偷去修，不光是宝贝，就算是爸爸妈妈也不能这么做的。”

告诉孩子，不要在浴室里使用电吹风

不久前，一个14岁的女孩在家里洗澡。洗完澡以后，便站在浴室里用电吹风吹头发。结果因电吹风漏电，女孩触电身亡。

很多人都会有这个习惯，洗完澡后，便直接在浴室里使用电吹风。但是，家长们却不知道，电器如果受潮或者淋水，很容易漏电或者短路。如果人碰到它，就会发生触电的危险。所以，当你的孩子那样做的时候，你应该把孩子带到干燥的房间里，然后对他说：“在浴室里使用电吹风很容易被电伤。”

安全教育一点通

1. 告诉孩子，如果发现有人触电，千万不能伸手去拉。触电的人身体上带电，如果孩子伸手去拉，自己也会触电。他应该马上切断电源，然后再想办法救人。如果是孩子不能处理的情况，应该马上大声呼救，或者打电话报警。

2. 父母发现孩子触电后，首先要切断电源，然后马上实施抢救。听一听孩子的心跳、呼吸是否正常。如果孩子的呼吸已经停止，父母应该立即给他进行人工呼吸及胸外心脏摩擦，以挽回孩子的生命。

第 5 章

教孩子远离“马路杀手”的安全策略

细节 16

过马路，左右瞧，要走就走人行道

俗话说：初生牛犊不怕虎。孩子越小越不知道什么是危险。即使面对马路上飞驰的汽车，孩子也会毫无惧色。很多孩子没有交通意识，想过马路时，就会马上冲向对面。因此，家长一定要告诉孩子："横过马路时不能乱跑，要走斑马线，否则就会被车辆撞伤。"

我国是一个交通事故多发国，平均每天约有 300 人在交通事故中丧生。看到这一惊人的数字，相信家长不可能无动于衷。因为孩子在上学和放学时，正是上下班的人流高峰期。道路拥挤不堪，交通压力过大，孩子很容易在马路上发生危险。如果孩子交通安全意识淡薄，不按交通规则过马路，发生意外的可能性就会非常大。

2010 年 5 月 23 日 17 时，北京市某小区 10 岁的亮亮在穿越机动车道时，被迎面驶来的黑色轿车撞倒。孩子被送到医院，因抢救无效不幸身亡。

2010 年 6 月 2 日 12 时，家住北京市石景山区的男孩杨强，和爸爸一起回家吃饭。爸爸牵着杨强的手，打算过马路。但是孩子突然看见马路对面的妈妈，挣脱爸爸的手，向马路对面跑去。刚迈出几步，就被从后面驶来的一辆奥迪轿车撞飞。杨强当场身亡。

无数孩子用生命诠释了遵守交通规则的重要性。尽管交通事故一再发生，但有些孩子却还不认识斑马线，不懂得红灯停绿灯行。作为家长，我们首先要教育孩子如何安全过马路。教孩子过马路时一定要遵守交通规则。不遵守交通规则，必然会换来血的教训。

过马路，左右瞧，要走就走人行道

告诉孩子：“横过马路时，走斑马线才安全。”

告诉孩子：“红灯停，绿灯行，遇到黄灯停一停。”

教孩子认识几种重要的交通标志。

安全教育大课堂

告诉孩子：横过马路时，走斑马线才安全

俗话说：初生牛犊不怕虎。孩子越小越不知道什么是危险。即使面对马路上飞驰的汽车，孩子也会毫无惧色。很多孩子没有交通意识，想过马路时，就会马上冲向对面。因此，家长一定要告诉孩子："横过马路时不能乱跑，要走斑马线，否则就会被车辆撞伤。"告诫孩子，翻越栏杆或者隔离带都是非常危险的事情，更不能横穿高速公路。

告诉你的孩子，马路上用白色平行线（像斑马纹一样）组成的标志就是"斑马线"。我国法律规定，汽车在行驶过程中，遇到有斑马线时应当减速慢行；遇到有行人从斑马线上走过时，汽车应该停下来让行人先过。行人走斑马线，大大增加了安全系数。

告诉孩子：红灯停，绿灯行，遇到黄灯停一停

对于家长来说，红灯停绿灯行的交通法则早已经烂熟于心。但是幼小的孩子，根本不知道什么时候可以通过马路，什么时候需要停下来耐心地等候。如果孩子不按信号灯的指示过马路，即使走在斑马线上，也极有可能发生危险。

当家长带着孩子经过有红绿灯的人行横道（斑马线）或者十字路口时，要有意识地教孩子认识红、黄、绿三种灯亮起时所代表的意义。红灯亮起时，代表禁止通行，需要行人在路口等候。黄灯闪烁时，代表不准再进入人行横道，但已经进入的可以继续通行。绿灯亮起时，代表准许通行。只有孩子领会了红绿灯代表的意义，才能够正确地遵守红灯停绿灯行的规则，安全过马路。

教孩子认识几种重要的交通标志

黄色系的三角形警告标志：它是用来警告车辆和行人注意危险地点的标志。家长可以制作几张彩色的交通标志卡片，经常拿在手里，让孩子辨认，并且说出它们所代表的意义。这样可以加深孩子的

记忆和对交通标志的理解。

红色系的禁止标志：禁止或限制车辆、行人交通行为的标志。家长一定要让孩子记住：一个小黑人身上画一道红杠的是禁止行人通行的意思。比如地铁隧道口、火车隧道口都会有这样的标志。如果孩子看到了却不明白标志的意义，继续通行的话，可怕的事情极有可能发生。

蓝色系的指示标志：它们是指示车辆、行人行进的标志。尤其是第一个人行横道的标志，家长一定要指给孩子看。不要让孩子因找不到人行横道而站在马路边哭泣。

安全教育一点通

在过马路的时候，男孩会比女孩表现得更加大胆。但是，这也代表更加危险。父母牵着孩子的手通过马路的同时，还要让孩子注意以下几点：

1. 经过没有人行横道的马路时，要确保路面上没有临近的车辆；

2. 有过街天桥或地道的，须走过街天桥或地道；

3. 严禁道路上推扒车、追车、强行拦车或抛物击车；

4. 马路对面有熟人、朋友呼唤，或者自己要乘坐的公共汽车已经进站的时候，千万不能贸然行事，以免发生意外。

细节 17

让孩子知道，铁路边很危险

孩子在铁轨边意外伤亡的事件屡有发生。父母要经常提醒孩子，不要在铁轨边行走，更不能到铁轨边玩耍。列车在行进中会产生强大的气流，把在铁轨边的行人冲倒压伤，即使在铁路两侧的一二米外行走，仍然存在危险。

铁轨对孩子有着无法言传的吸引力，那长长的伸向远方的铁轨，把孩子们从家里或者学校里勾引出来，像饿鬼一样吞噬了他们幼小的生命。尽管如此，孩子们仍然像着了魔一样徘徊在铁轨周围，久久不愿意离去。

一天早晨，8 岁的女孩丽丽带着 6 岁的雪雪爬过小土坡，在铁轨边行走。两个小女孩手拉手，一边走一边笑。十分钟后，一辆疾驰的列车呼啸而过。火车驶过的气流，把两个孩子卷进了车轮下，又狠狠地甩了出去……当孩子的父母们赶到现场时，痛苦得几乎晕死过去。他们无法相信，一个小时前还活蹦乱跳的孩子，转瞬之间就已经是冰冷的尸体。

孩子的生命因为一次意外戛然而止，无论对于哪个家庭来说，都是一场灾难。有些家长曾经不止一次地教育过孩子，不要到铁轨边玩耍。但这种枯燥的教育并不能让孩子们感到危险，他们照样还会偷偷地跑到铁轨边捡废品、扔石头、做游戏。父母要让孩子体会到到铁轨边玩耍的危险性，这样才能有效地保护孩子的生命安全。

安全教育大课堂

宝贝，不要在铁轨边行走玩耍

父母要经常提醒孩子不要在铁轨边行走，更不能到铁轨边玩耍，列车在行进中会产生强大的气流，把在铁轨边的行人冲倒压伤。即使在铁路两侧的一二米外

让孩子知道，铁路边很危险

告诉孩子，不要在铁轨边行走玩耍。

告诉孩子，不要向车轮下投石子。

告诉孩子，穿越铁轨前要先向左右看。

行走，仍然存在危险。如果孩子离铁轨再近一点，就会被卷进铁轨中，直接威胁着孩子的生命。

告诉孩子，不要向车轮下投石子

在上海某路段的路轨线上，三名十岁左右的男孩玩向火车轮下扔石子的游戏。石子飞快地弹了回来，其中一名男孩的眼睛被石子打伤，另一名男孩的手指折断。为了让孩子懂得扔石子的危险，家长可以和孩子玩向墙上扔弹力球的游戏。当球反弹到孩子头上时，对他说："宝贝，如果向疾驰的火车扔石子，同样会反弹回来。石子会把宝贝的脑袋弹伤的，到时就得给宝贝打针吃药，会很痛苦的！"

告诉孩子，穿越铁轨前要先向左右看

不要说孩子，很多大人在穿越铁轨时，都没有向左右看的习惯。各地行人穿越铁轨被火车撞死的意外事件时有发生。尤其是那些生活在铁轨附近的家庭，父母一定要经常告诉孩子："穿越铁轨前要先向左右看，两边没有驶来的火车时，才可以安全通过。"

家长可以通过讲解各种伤亡小故事，让孩子们明白在铁轨边玩耍是件很危险的事情。同时，家长还要让孩子学会安全穿越铁道口，不在铁轨上受到伤害，只有这样父母才会更放心，孩子才会更安全。

安全教育一点通

曾经有一个12岁的女孩想穿越铁轨。她走到铁道口，发现一列火车正呼啸而来。女孩想："这铁轨就几步路宽，而列车还在远方，自己可以动作快点赶在列车前面跑过去。"于是，女孩开始和火车比赛跑。就在她马上要赢得"比赛"时，火车以飞一般的速度冲了过来。女孩倒在血泊中，失去了宝贵的生命。所以说父母要提醒孩子，过铁道口时，要给火车让路，不和火车赛跑。

细节 18

如何教孩子做个安全的“小自行车手”

有些孩子骑自行车时，速度非常快，拐弯之前也没有伸手示意的习惯。假如孩子身后是一辆正常行驶的汽车或自行车，双方都直行时，相安无事万事大吉，但只要孩子的自行车一拐，后面的车就撞在身上了。

当孩子开始对自行车感兴趣，经常望着自行车跃跃欲试时，父母们应该考虑的是，怎样才能让孩子骑自行车时不受伤。你开始质疑，难道骑自行车也会出现意外吗？

13 岁的男孩丁丁和同学骑着自行车去郊外游玩。骑到半路时，丁丁提议大家进行飙车比赛。正骑得飞快，后面开来一辆大货车。丁丁和小伙伴们急忙向路边躲闪，没想到几辆自行车竟然撞到了一起。几个孩子重重地摔在地上。丁丁的脚被压在车轮下，严重扭伤。其他几个孩子也不同程度地擦伤和摔伤。

孩子不懂得骑自行车的安全知识，骑自行车时不遵守交通规则，甚至会与行人、电动车、汽车发生碰撞，将直接威胁到孩子的生命。作为父母，我们一定要及早让孩子懂得骑自行车的安全知识。

安全教育大课堂

自行车转弯前，要慢行，并且伸手示意

有些孩子骑自行车时，速度非常快，拐弯之前也没有伸手示意的习惯。假如孩子身后是一辆正常行驶的汽车或自行车，双方都直行时，相安无事万事大吉，但只要孩子的自行车一拐，后面的车就跟自行车撞上了。

因此，孩子骑自行车转弯前，要先慢行，然后伸手示意。向左拐时，伸左手；向右拐时，伸右手。这样就可以避免撞车事故发生。当然，选择前后都没有机动车时拐弯最安全。

如何教孩子做个安全的“小自行车手”

让孩子学会给自行车安检，不能“带病”上路。

让孩子骑车遵守交通规则，要做到“八不要”。

告诉孩子，自行车转弯前，要慢行，并且伸手示意。

让孩子学会给自行车安检，不能“带病”上路

男孩克克每天骑自行车上学，从来没有检查自行车的习惯。一天上学的路上，骑到红绿灯路口时，克克一捏车闸，坏啦！自行车刹车失灵了，克克冲着红灯闯了过去，只听到汽车紧急的刹车声……多危险啊！父母要让家里的小自行车手学会给自行车安检。孩子出门前应该对自行车的车闸、车轮、车座进行检查，没有问题时，才能骑车出门。

孩子如果发现车子“病”了，要赶紧把它送去维修，等自行车“病”好了再骑着出门，不能拿健康和生命开玩笑。

让孩子骑车遵守交通规则，要做到“八不要”

为了保证孩子骑车安全，父母就要经常向孩子灌输骑车“八不要”的理念：1. 骑车时不要双手撒把；2. 不在道路上追赶，比赛车速、车技；3. 不和同学们并排骑车；4. 不带人骑车；5. 不一边听音乐一边骑车；6. 不闯红灯；7. 不上机动车道；8. 不要骑车打伞。

自行车作为代步工具非常实用，操作起来也非常简单，但是如果孩子缺乏安全教育，将直接导致孩子受伤。家长一定不能忽视对孩子的骑车安全知识的教育。孩子只有懂得了骑车的安全知识时，才能在马路上骑自行车。

安全教育一点通

儿童未满 12 周岁，不能骑自行车上路。我国交通法规定：未满 12 周岁的儿童，不能在道路上骑自行车、三轮车。有的孩子刚刚十岁，就已经能够熟练地骑自行车。不管孩子骑车的技术如何熟练，毕竟年龄还太小。孩子只有满 12 周岁以后才可以把自行车骑上道路，否则不但违反了交通法规，而且也非常容易发生危险。

细节 19

如何让孩子安全乘坐公共汽车

孩子慢慢长大，乘坐公交车的机会越来越多。他们需要懂得相应的公交车安全乘坐知识，否则，很容易受到意外伤害。

在北京、上海、广州这样的大城市，孩子自己坐公交车上下学已经很常见。孩子如何安全乘坐公共汽车？这成为当前重要的安全知识教育问题。

北京市某中学的初三学生欣欣乘坐公交车时，和同学在说笑打闹。汽车猛地一颠，欣欣摔倒在车厢里，她的左腿小腿骨折，牙齿被磕掉一颗……

上海某小学的五年级小学生郑涛乘坐公交车时，因为车内太热，便把胳膊伸到车窗外，结果被从对面驶来的汽车挤伤，造成左臂粉碎性骨折。

为了孩子的人身安全，为了孩子的健康成长，一定要对孩子进行必要的公交车安全乘坐知识教育。否则，孩子乘坐公共汽车时，发生意外伤害的可能会非常大。

安全教育大课堂

公交车进站时，告诉男孩不要随车奔跑，更不能抢上抢下

每天上下班高峰期车站拥挤的人流，成了大城市里的一道风景。公交车进站时，人们为了能挤上车，常常跟着汽车跑一段。但是，我们必须制止孩子这样做，因为他们随车奔跑，很可能会被绊倒，被大人踩伤。

父母还要提醒孩子，他们的体力与成年人比相差悬殊，在拥挤上车的过程中，很容易被成人挤倒或者挤伤。告诉他们，必须等汽车停稳后再上车。上下车时不参与拥挤，按顺序上下车。

告诉孩子，不要在公交车上吃东西

9 岁的浩浩每天乘坐公交车上学、放学。一天下午，浩浩坐在公交车上，正

如何让孩子安全乘坐公共汽车

公交车进站时，让男孩不要随车奔跑，更不能抢上抢下。

告诉孩子，不要在公交汽车上吃东西。

让孩子牢记，没有座位时不要站在车门边。

在吃大豆。司机突然紧急刹车，浩浩猛地向前一扑，刚才放到嘴里的大豆还没有嚼碎，就整个咽了下去。这次意外，导致浩浩的喉咙、食道多处划伤，一个星期内只能吃流食。

在汽车行驶过程中，遇到路面颠簸或者司机急刹车时，孩子如果正在吃东西，很容易被呛住、噎住或者使喉咙、食道受伤。让孩子养成良好的乘坐习惯，坐车不吃东西。如果肚子实在饿，可以在上车之前或者下车之后吃。

不要让孩子把头和手伸出车窗

孩子们的安全乘车意识非常淡薄，他们坐车时会忍不住把头和手伸出车窗。父母一定要告诉他们，这样做是非常危险的。因为当孩子把身体的某一部分伸出车窗时，很可能会被路边的树枝划伤，也可能会被从对面开来的汽车的反光镜刮伤。告诉你的孩子："乘车时，要用双手扶住前排座位的后背，这样才不会受伤。"

告诉孩子，没有座位时不要站在车门边

有些孩子上车后没有找到座位，便站在车门边。家长一定要告诉孩子，这样乘车其实很危险。因为当汽车紧急刹车时，孩子很容易摔倒。当车门突然打开时，孩子也有可能被甩出车外。孩子们应该站在车子的中间部位，抓紧车上的扶手。

安全教育一点通

父母带孩子乘车时，要进行实地教育。告诉他，乘车时不能和小朋友打闹嬉戏，以免摔伤；不能和司机攀谈，以免分散司机的注意力，引发交通事故；不向车内和车窗外乱扔水果皮、饮料瓶、食品袋等杂物，以免伤及他人、污染环境；不带汽油、烟花爆竹等易燃易爆品上车，以免引发汽车火灾。

第6章
教孩子抵制网络“魔鬼”的安全策略

细节 20

怎样让孩子杜绝“黄色”污染

据有关调查显示，在上网的学生中，偶尔浏览黄色网页的有 76.8%，一直浏览黄色网页的有 15.4%，逾九成学生曾经浏览过黄色网页，近六成学生参与过匿名网聊。“网络垃圾”深深地污染着孩子的心灵。

对于孩子来说，网络很奇妙，它丰富多彩，让他们感到新奇和快乐，但也会给他们带来许多难以抵制的不良诱惑。网络上隐藏的形形色色的“黄”毒，会腐蚀孩子的身心。作为父母，怎样引导孩子杜绝“黄色”污染呢?

2009 年 4 月，宜州某街道接连发生两起小学生被猥亵事件。经警方侦破，发现施暴者竟然是一名叫小海的 15 岁孩子！警方进一步了解到，这名男孩之前对 4 名女生进行过性骚扰。警方从小海的父母口中了解到，小海上网时无意间进入了一家色情网站，被其中挑逗性的文字和暴露的图片所吸引，才深受其害。当妈妈发现小海浏览“黄色”网站以后，就把家里的网断了，没想到小海竟然借了别人的身份证，出入于网吧，还犯下如此大错。

小海的妈妈只是武断地断了网，以为就能避免孩子误入歧途。谁知孩子却在迷途中越陷越深，导致了一系列恶果的发生。这个教训，真是太深刻了。

安全教育大课堂

告诉孩子，网上可以做什么

网络上的内容太丰富了，孩子上网是为了什么呢？孩子在网上可以做什么？网络是让孩子学习的，可以学到一些在课本上没有的知识；网络可以让孩子放松，玩一会儿游戏，听一首歌，看一部电影，孩子平日学习的紧张状态可以得到调节；网络可以让孩子净化心灵，看一些阳光进步的书籍，听一些青春高雅的音乐，慢慢地会陶冶孩子的情操，培养孩子的艺术素养。告诉孩子，上网是为了受益，获

怎样让孩子杜绝“黄色”污染

告诉孩子，网上可以做什么。

让孩子提高警惕，写着“交友”“激情”的窗口，不能点击。

告诉孩子，写着“严禁十八岁以下未成年人进入”的网页，不能进。

得更加丰富的知识。

让孩子知道写着“交友”“激情”的窗口，不能点击

有很多不良网站，故意设置一些语言露骨的链接或者大量自动弹出的小窗口，这些都在诱惑着好奇心强的孩子。有一次记者调查时，问一个孩子，是怎么搜索到这些色情网站的，这个孩子说，这些不用刻意去找，多点那些“会动”的图片就行了。在这些写着“交友”“激情图片”的后面就隐藏着大量的不良信息。一旦孩子由于好奇而点开，就很可能深陷其中。做父母的要教给孩子，怎么样使用上网助手、雅虎助手、超级兔子等软件来屏蔽一些弹出窗口。要对孩子说，这些内容会对他们的身心健康造成很坏的影响，一定不能浏览。

告诉孩子，写着“严禁十八岁以下未成年人进入”的网页，不能进

网络上，凡是写明“严禁十八岁以下未成年人进入”的网页，一定不能进。这些网页，有的是正规网站对未成年人的警示，有的却是一些不良网站故意制作的噱头。它采取这种“欲擒故纵”的计策，吸引一些好奇心强、意志薄弱的孩子进入，进而达到其不可告人的目的。

安全教育一点通

当发现孩子浏览色情网站时，父母不能觉得孩子已经堕落了，不可救药了。其实，他只是已经觉得自己长大了，希望了解一些那方面的知识。这时，你可以结合自己的爱情经历，告诉孩子，“性”和“爱”是怎么回事。孩子的神秘感消失了，色情网站也就失去了吸引力。

细节 21

孩子怎么做才能提防网络骗局

现实中的骗局花样不断翻新，网络上的骗局更是层出不穷。贪小便宜、想不劳而获、轻易相信网络的人，很容易就会成为网络骗子的猎物。骗局令人防不胜防！很多人可能会因为一个网络骗局而倾家荡产。

网络飞速发展，网络骗局也应运而生。父母要提醒经常上网的孩子，随时警惕网络“骗局”的侵害。如果不加防范，就会很容易上当受骗。

一天下午，杨杨打开新浪邮箱，发现里面有一封邮件。邮件的内容是：“恭喜您中五万大奖了。请点击以下链接，填写个人信息，就可以领取万元大奖！”一看自己中了大奖，杨杨赶紧按着网站的步骤，填写了个人、家庭信息。

刚填完，杨杨又收到了一封邮件。对方说：“由于您的大奖数额巨大，需要向税务部门交纳税款和手续费共计 2000 元整。请抓紧时间将费用打入银行账号：××××××××××中，超过 48 小时将取消领奖机会。”杨杨马上偷偷从爸爸的钱包里拿了 2000 块，给对方的账号打了过去。三天过去了，杨杨的大奖一点消息也没有。当爸爸质问杨杨，杨杨道出事情的原委后，大家才知道原来上当了。

天上不会掉馅饼，不要期望不劳而获，发什么不义之财，中什么大奖。你要让孩子记住，骗子送出的往往不是大奖，而是设计好的陷阱。

安全教育大课堂

告诉孩子，网上的信息不一定都是真的

当孩子面对网络的时候，由于年龄还小，不足以判断另一头的真实情况是怎么样的。做父母的要告诉他，网上的人说的话不一定是真话。有人说他在北京也许他在南京。卖书包的说要卖给你真品而实际上是假货，甚至他根本没有书包。告诉孩子网络的虚幻性，在得出正确的判断前，时刻都不能放松警惕。

孩子怎么做才能提防网络骗局

教孩子上网慎重，保守家庭详细资料。

告诉孩子，不要瞒着家长偷偷上网。

可以和孩子一起看揭露骗局一类的节目，分析受骗人上当的原因。

教孩子上网慎重，保守家庭详细资料

田女士突然接到一个电话，对方要求她打 5 万块钱到一个账号上，否则，就要去学校绑架她的女儿。田女士急忙报了警。几天后，犯罪嫌疑人被抓获。原来，罪犯是从一家儿童网站上得知田女士的电话的。田女士的女儿思思，曾经用真名在儿童网站上注册过，并且把家庭信息告诉了一个“小网友”。结果，孩子的注册信息和聊天记录被坏人利用了，用以诈骗。

父母在对孩子进行安全教育时，要让孩子明白，不能随便泄露自己的个人信息，更不能随便公布在网上，不能公开自己的真实姓名、年龄、学校、家庭住址，不要告诉陌生人自己家的电话和手机号，不能随便把自己的照片传给别人，或者发布到网上。骗子的招术是五花八门的。有很多别有用心的人，会利用这些资料，伤害你或者你的家人。

告诉孩子，不要瞒着家长偷偷上网

孩子打开过什么网站，看到过什么内容，进入过哪个论坛，发表过哪些言论，和哪些人认识，都聊了些什么等都是家长必须了解的。告诉孩子，不要向父母隐瞒什么，不要急于删除聊天记录和一些浏览历史记录，如果遇到了骗子，聊天记录可以作为最好的线索和证据。

网上的骗子看不见，摸不着，似乎是无可防备的。其实，骗子的骗术都是相同的。他和现实中的骗子一样，了解了你的信息以后，利用你心理的薄弱环节来欺骗你。告诉孩子，不怀好意的人，只要细心并不难辨别。

安全教育一点通

网络骗局虽然五花八门，但是，狡猾的狐狸终究逃不过猎人的眼睛。家长要多注意有关网络骗术的报道，尤其是要注意身边发生的案例，能起到更好的警示作用。在看电视时，如有揭露骗局的节目，要求孩子一起看，并且共同分析受骗人上当的原因，遇到类似的情况，孩子就不会轻易被骗了。

细节 22

孩子怎样交友聊天才安全

有些歹徒会以关心的名义，向孩子打探个人信息和家庭隐私，然后就会利用那些信息实施犯罪活动。你一定要告诉孩子，有人问他的姓名、年龄、家庭时要说不知道，并且马上停止与对方的聊天活动。

如今是网络的时代，网上购物，网上汇款，就连交友聊天也从现实改到了网上。很多孩子小小年纪，就已经是个拥有几年网龄的网民。网络为青少年提供了更加广阔的世界，让孩子们认识到更多的人。但是，孩子们也将会面对更多的不安全因素。孩子如何在网络上交友聊天才安全呢？

2010 年 5 月初的一天傍晚，天津市某校高一女生小丽，告诉父母要到同学家玩，从家里出来后，便再也没有回来。当晚，小丽的父母接到了一个陌生男子的电话，说小丽在他们手上，必须拿 20 万元来赎。

小丽的父母马上报警。在警方的全力调查下，事情的真相终于水落石出。原来，小丽长期在网上聊天，被 20 岁的网友黄某骗到家中后，先奸后杀。在等待赎金的过程中，黄某又把小丽的尸体扔进了附近的人工湖中。就在黄某在网吧上网打算进行新一轮的骗局时，被警方抓获。

在网络这个虚拟的世界里，人们本来的面目被隐去了。丑陋的歹徒也可能会以善良的帅哥形象出现。在少男少女们天真的想象和美好的憧憬中，很可能自己已经中了别人布下的陷阱。

安全教育大课堂

告诉孩子，轻易不要与网友见面

有天，正在上初三的小月和一个叫大兵的网友聊天。对方说，手里有小月最喜欢的周杰伦限量版的CD，并且可以低价转让给小月。小月高兴极了，和大兵约好

孩子怎样交友聊天才安全

告诉孩子，轻易不要与网友见面。

让孩子牢记，QQ资料不能暴露真实信息。

让孩子明白，不认识的人，最好不要加为好友。

下午在中山公园的门口见面。

小月的妈妈宋女士知道这件事后，坚决反对女儿贸然和陌生的网友见面，但是小月非常想要那张CD，并且表示非去不可。无奈，宋女士只好陪孩子一同前往。天都黑了，那个男孩也没有出现。打对方的手机时，一直是无人接听。小月终于意识到，这可能是一个骗局。否则，为什么妈妈陪自己来了，大兵却消失了呢！

孩子社会经验少，处世单纯，对聊天对象讲述的内容无法作出正确判断。因此，父母应告诉孩子，当网友提出见面的要求时，马上拒绝他，并且把网友的情况告诉父母，由家长来帮助分析。如果必须同网友见面，孩子千万不可以单独行动，要告诉父母，让父母陪自己一起去。

告诉孩子，QQ资料不能暴露真实信息

在填写QQ资料时，告诉孩子，要加强自我保护的意识，不能填写真实的姓名、年龄、电话、学校等，免得受到不良分子的骚扰。如果QQ空间是开放的，任何人可见，空间里就不可以存放自己的照片，也不要在日志中记录自己真实的信息，否则的话，就对空间设置访问权限，不允许随意浏览。

只有认识的人、了解的人，才加为好友

孩子年龄还小，不懂得分辨好人与坏人。告诉孩子，可以和自己的亲人、同学在QQ上加强联系与沟通，不认识的人，最好不要加为好友，如果陌生人要加你，就直接拒绝。不要进陌生人建的群，不进莫名其妙的群，如果是被强行拉入的，要退出。

安全教育一点通

虽然家长总是试图阻止孩子网上聊天，可仅仅靠阻止是不行的。对于尚在幼年的孩子来说，在网上认识几个朋友，说一说自己的心事，说说学校、同学、老师，说说自己感兴趣的某些事物，这都是可以的。只要能够保护自己别受伤害就好。

第 7 章

教孩子远离性伤害的安全策略

细节 23

怎样看待孩子们的“性游戏”

许女士带着女儿到黄女士家串门。正在聊天的时候，突然，许女士听见黄女士 6 岁的儿子对自己 5 岁的女儿说：“咱们玩医生和病人的游戏吧。我现在是妇科大夫，你到床上把裤子脱掉吧。”许女士和黄女士一听吓得脸色发白，赶紧把两个孩子分开了。

很多父母认为，幼儿时期的孩子太小了，根本不需要对他们进行性教育，等孩子到了青春期再教育也不晚。但在孩子们的游戏中，却已经显露出对成人性行为的模仿。孩子们之间的“性游戏”让父母们感到尴尬和不安。

欠欠和龙龙是好朋友，经常在一起玩。有一天，欠欠的妈妈发现孩子们在房间里半天没动静。推开了门，发现床上凌乱不堪后，妈妈笑着问：“你们在干什么啊？”欠欠把妈妈往外推：“别管，我们做游戏呢！”龙龙走后，妈妈对欠欠说：“宝贝，你们刚才在房间里做什么游戏啦？也教妈妈玩一下。”欠欠说：“妈妈躺下，咱们扮演王子和公主结婚。”妈妈刚躺下，欠欠便爬到妈妈身上，用下身蹭来蹭去。妈妈吓坏了，大声呵斥道：“你从哪儿学的啊？怎么能玩这种游戏呢？”欠欠说：“电视上就是这么演的啊！”妈妈气呼呼地对女儿说：“以后不许玩这种游戏，真丢人！”欠欠大声哭起来……

几乎所有的父母都会遇到性教育的尴尬。因为我们的文化耻于谈性，尤其是对孩子谈。当父母发现孩子和小伙伴玩“性游戏”时，应该怎样教育孩子？

安全教育大课堂

对孩子说：“这样的游戏不文明，很多更有趣的游戏在等着你。”

有些孩子常常和小伙伴玩医生和病人的游戏，父母们在一旁乐呵呵地看着。但不一会儿，“医生”要给“病人”检查下面了。妈妈就吓得脸色发白，跑上前

怎样看待孩子们的“性游戏”

这样对孩子说：“这样的游戏不文明，有很多更有趣的游戏呢。”

让孩子牢记：“不要让小朋友掀开你的裙子。”

告诉孩子：“屁股和胸不许给别人看，更不许摸。”

去制止，并且严厉地呵斥。孩子们被吓哭了，不知道自己错在哪里。

妈妈应该心平气和地对孩子说："宝贝，刚才那个游戏多不文明啊，多没意思啊！你们应该做一个更有意思的游戏！"这时，妈妈可以让孩子们玩老鹰捉小鸡、捉迷藏、跳绳、搭积木等游戏，或者让他们听一段音乐，跳一支舞，看一部动画片。让孩子们知道，还有很多有趣的游戏可以玩。

告诉孩子："不要让小朋友掀开你的裙子！"

每个父母都从幼儿时期经历过，所以父母们应该能够理解，很多儿童在六七岁时就已经表现出性行为了。比如：男孩喜欢玩"掀裙子"的游戏，孩子们相互摸一摸生殖器，窥视厕所等。

妈妈应该经常告诉孩子："不要让小朋友掀开你的裙子。"孩子问为什么时，妈妈要告诉孩子："宝贝是女孩，女孩的裙子里是不能让男孩子看的，否则就羞、羞、羞。如果哪个男孩胆敢掀你的裙子，就马上告诉妈妈或者老师。"

告诉孩子："屁股和胸不许给别人看，更不许摸！"

5岁的女孩和6岁的男孩在客厅里玩，妈妈们在聊天。但是，妈妈突然听见男孩对女孩说："让我摸摸你的胸，看看大不大。"妈妈们赶紧上前拉开孩子。等客人走了，妈妈开始叮嘱女儿："屁股和胸是女孩的隐私部位，除了妈妈之外，谁也不能看，更不能摸。即使是医生检查，也必须有妈妈在场。"

为了防止孩子性早熟，妈妈要时刻教育孩子，隐私部位不能让别人看，更不能让别人摸。因为那样做很不好，女孩会羞羞。

安全教育一点通

其实"性游戏"在正常的情况下，它不会给孩子们的生理和心理带来伤害。父母们不必过分地紧张，更不必强调性器官与身体其他部位的不同。父母应该温和地拉开孩子，告诉他（她）们这样的游戏不文明，然后把他（她）们的兴趣引导到其他游戏上去。

细节 24

如何提防熟人的性侵犯

"叔叔给你一块糖吃，就让叔叔摸一摸""老师帮你检查一下身体，看看刚才有没有把你打伤"……告诉孩子，当父母不在场时，如果有人随便碰触他们的身体，不管对方多么熟悉，都要大声说"不"！

父母在对孩子进行安全教育时，总是强调要远离陌生人，但却忽略了一点，熟人也非常可怕。从国内外的儿童性侵犯案件调查情况来看，85% 的性侵犯者来自于熟人。这些熟人中有孩子的亲戚、邻居、父母的朋友甚至是老师和校长。

张女士的女儿童童 12 岁了。一天，童童到楼下找同学玩，没过多久神色慌张地回来了。张女士再三追问才知道真相。原来，童童去找同学，进屋后才发现只有同学的爸爸一个人在家。童童打算回家，但同学的爸爸却热情地邀请童童和自己一起看电影。电影快放完的时候，同学的爸爸猛地掀起了童童的裙子，使劲抚摸她的下身……。同学的爸爸还对童童说："不能对任何人说，否则就把你扔到水库里去喂鱼。"张女士知道了事情的真相后，痛苦得泪流满面，赶快带着女儿到警察局报了案。

如果张女士是个粗心的妈妈，对孩子的异常表现不闻不问，发现问题后不声张也不报警，不知道那个男人的恶行还要持续多久，到时孩子受到的伤害将会更大、更深。

安全教育大课堂

尽量不要和异性单独相处，如果相处，最长不超过 20 分钟

为了防止女孩遭到同学、老师、邻居、亲戚等人的性侵犯，父母们应该教育她们，尽量不要和异性单独相处。如果必须相处的话，最长不超过 20 分钟。

14 岁的女孩到男孩家写作业。女孩一门心思写作业，但 16 岁的男孩却怎么

如何提防熟人的性侵犯

尽量不要和异性单独相处，如果相处，最长不超过20分钟。

让孩子记住，内衣遮盖的地方，不让别人随便“看”和“摸”。

教孩子说：“请拿开你的脏手，否则我要告诉爸爸妈妈。”

也静不下来。突然，女孩把书本一收拾说：“20 分钟到了，我要回去了。”男孩不解地问：“干什么走啊？再写一会儿吧。”女孩坚定地摇摇头：“如果我现在不回去，我妈妈马上就会出现在你家的门口。”

设定女孩与异性单独相处 20 分钟，在异性性侵犯的信心还没有坚定时，让女孩抽身离开。等异性的性侵犯意识非常强烈时，女孩想走都走不掉了。

内衣遮盖的地方，不让别人随便“看”和“碰”

性侵犯者不仅只用暴力，他们可能还会哄骗孩子。比如：“叔叔给你一块糖吃，就让叔叔摸一摸”“老师帮你检查一下身体，看看刚才有没有把你打伤”等。告诉孩子，当父母不在场时，不管对方跟自己多熟悉，都要大声说“不”。内衣遮盖的地方和胸部，不能随便让人“看”、让人“摸”。即使被医生检查，也要有父母在场。

教孩子说：“请拿开你的脏手，否则我要告诉爸爸妈妈。”

告诉我们的孩子，当有人抚摸她的身体，让她感觉不舒服和害怕时，要大声地向对方说：“请拿开你的脏手，否则我要告诉爸爸妈妈。”作为熟人，看到孩子这么勇敢，这么聪明，便会知难而退。

很多孩子被性侵犯后，不敢告诉父母，害怕遭到责备。但是作为父母，我们一定要告诉孩子，不管任何时候，感觉不好不舒服时要马上告诉妈妈。这样就可以防止孩子多次、长期受到性侵犯。

安全教育一点通

有些家长发现孩子被强奸以后，便整日以泪洗面，反复对孩子说：“你这辈子完了”“你的一生都毁了”“希望全没了，真是太失望了。”如果父母这样说，孩子受到强大的心理暗示，长期活在“完了”“被毁”的阴影之下，一生就真的完了。父母应该告诉孩子，这不是你的错，不要责怪自己，对孩子说：“我们会永远爱你，永远相信你。”

细节 25

怎样教男孩呵护自己的隐私部位

在中国，很多父母不注意关心男孩的“命根子”。在保护孩子的生殖器方面，男孩一向是被忽视的对象。妈妈要让男孩学会细心呵护自己的小鸡鸡。这样，才不会让孩子的身体留下永远的遗憾。

许多妈妈会认为，男孩的隐私部位不需要特别的呵护，原因就是女孩的阴部更容易感染疾病，而男孩则不会。男孩在很小的时候，的确是这样的。但等孩子再长大一些，妈妈们就一定要注意了，男孩的隐私部位更需要细心呵护，否则很容易生病或者受伤。

9岁的雷雷与同学们一起玩丢沙包的游戏。一帮同学堵在两头，一帮同学被夹在中间。被砸中的那个人就暂时出局，要等到下轮比赛时才能上场。那个沙包里面装了饱满的玉米粒，当时又是夏天，孩子们穿得都很少。一个同学用尽力气把沙包投了过来，正好打在雷雷的裆部。同学们都在笑，可是雷雷却疼得在地上打起滚来。回到家，雷雷发现自己的阴茎呈青紫色，并且有血水流出。

家里有男孩的父母们，应该提高警惕，应该教育好男孩保护好他的隐私部位。否则，以后很可能会留下永久的生理上的遗憾。

安全教育大课堂

告诫男孩子，不宜长期穿紧身的牛仔裤

现代青少年的服装越来越讲究，孩子们的服装里出现了牛仔系列。但是，妈妈们却不知道，过紧的牛仔裤会对孩子的身体造成不良影响。因为牛仔裤布料厚，透气性较差，会形成对青少年睾丸的压迫。身体素质较差的孩子，穿透气性差的牛仔裤，还有可能导致精子生成障碍。因此，父母要提醒孩子，最好不要穿紧身

怎样教男孩呵护自己的隐私部位

告诫男孩子，不宜长期穿紧身的牛仔裤。

让孩子知道，玩弄小鸡鸡是个不好的习惯。

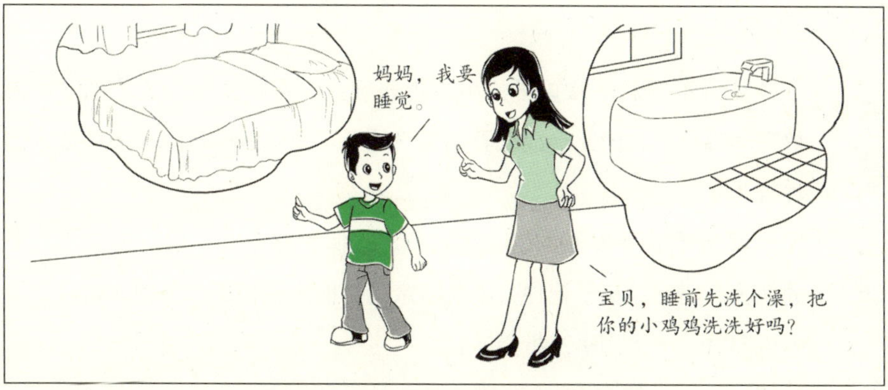

让孩子经常清洗生殖器，保持小鸡鸡卫生。

的牛仔裤。如果穿的话，要与其他布料的裤子搭配穿。

让男孩经常清洗生殖器，保持小鸡鸡卫生

男孩的小鸡鸡是身体器官的一部分，像鼻子。鼻子的分泌物叫鼻屎，而小鸡鸡的分泌物叫包皮垢。包皮垢在孩子的身体上存留的时间过长，就会引发瘙痒症。如果孩子用手去抓的话，可能会抓破皮肤造成黏膜发炎。而每天清洗生殖器，就能避免瘙痒和炎症的出现。父母要提醒孩子，在清洗的过程中，要把包皮慢慢翻上来，让小龟头尽量暴露，才能将其彻底清洗干净。

男孩最好还是仰着睡，摆个“人”字也无妨

对男孩来说，仰着睡更有利于生殖器的健康。因为趴着睡会压迫到阴茎，不利于散热；而侧着睡时阴茎被挤压在两腿之间，生殖器所要承受的压力比站立时更明显，再加上睡姿不好双腿扭来扭去，对身体也不好。

所以，让孩子仰卧着睡，并且把两腿分开，摆着大大的“人”字形，能给小鸡鸡更大的活动空间，更有利于生殖系统的良好发育。

让孩子知道，玩弄小鸡鸡是个不好的习惯

有些男孩喜欢摆弄小鸡鸡，这让大人很是困惑。是性早熟？还是别的原因？该不该打他、吓唬他？这时，父母可以温和地对孩子说：“总用手去摸它，细菌就会跑到里面去，会生病会疼的哦。”父母也可以用玩具转移孩子的注意力。

安全教育一点通

父母不要总是拿孩子的小鸡鸡开玩笑，否则就会使孩子把注意力放在小鸡鸡上，因此形成玩弄小鸡鸡的坏习惯，还有可能去模仿成人的性行为。

家长要提醒孩子，在运动时一定要保护好睾丸，以防造成不必要的伤害。同时让孩子记住，不能随意踢打他人的裆部。当他人踢打自己的裆部时，马上用手来抵挡保护。

第8章

教孩子游戏时远离伤害的安全策略

细节 26

孩子，请别碰危险的玩具

孩子用什么样的方式来玩玩具很难预测。家长一定要有强烈的监护意识。要想让孩子远离玩具的危险，从源头上抓起最有效。教孩子学会拒绝那些不安全的玩具，把危险拒之门外，这才是父母给孩子最好的爱。

玩具是孩子最好的伙伴。从宝宝还是个婴儿时，家长就开始为他们买各种各样的玩具：一把小手枪，一头毛茸茸的小狮子…… 孩子得到了自己喜欢的玩具，渐渐和它们形影不离。就算吃饭睡觉，孩子也会用一只小手抓着玩具。但父母却从来没有想过，玩具也存在安全隐患，威胁着孩子的身体健康。

家家非常喜欢毛绒玩具。有次妈妈送给家家一个没有标签的“黑猩猩”玩具。家家非常喜欢这只“黑猩猩”，每天抱着它又亲又啃，就算睡觉的时候，也会把它抱在怀里。一天晚上，妈妈发现家家身上长了很多红疙瘩，便马上带着家家去看医生。医生说：“孩子是过敏，幸亏来得及时，否则会引起过敏性休克。”回到家后，妈妈赶紧把那只“黑猩猩”撕开，发现里面是黑色的废旧化纤棉，拿到鼻子底下一闻，有股怪怪的味道。妈妈明白了，原来都是玩具惹的祸。

玩具内部的填充物，如果采用废旧塑料和化纤物质，会含铅过高，容易使孩子造成铅中毒。作为家长，你有义务让孩子懂得如何选购安全的玩具，在选购玩具时应该注意哪些问题。

安全教育大课堂

告诉孩子，有异味的玩具不能玩

孩子们在挑选玩具时不考虑安全问题，但家长一定要考虑。教孩子辨别拿在手上的玩具是不是安全，第一招就是闻。不管是布艺玩具，还是塑料玩具，如果

孩子，请别碰危险的玩具

父母要告诉孩子，有异味的玩具不能玩。

教导孩子不要随意拆开玩具，很危险。

告诉孩子，没有标签、没有无毒标志的玩具，很危险。

闻到有一股刺鼻的塑料味，最好不要买。因为这种带有刺鼻味道的玩具，往往是化纤产品，对人体的危害非常大。而化纤产品的异味在短时间内不会消失，儿童闻久了，会破坏嗅觉系统。

内部填充物不均匀的玩具，不能玩

让孩子摸一摸玩具的棱角、边角是不是光滑。尤其是金属玩具，如果有锐利的边、角，就会很容易割伤孩子的手脚。玩具内有填充物时， 也要用手摸，看填充物是否均匀，是否有杂物、异物。填充物均匀，手感好，无杂物、异物时，至少不用担心玩具内部填充物的问题。

教导孩子不要随意拆开玩具，很危险

有些玩具刚刚买回家，玩具上的小零件就被孩子们扔得到处都是。父母们只顾着忙自己的事情，而孩子却把玩具上的小零件偷偷放进了口中，这种情况极易发生意外。所以，家长一定要告诉孩子，买玩具之前，他们应该用小手使劲晃动，任何小零件都不会掉落的玩具，才可以买。

没有标签、没有无毒标志的玩具，很危险

标签上通常会显示玩具由哪些材料构成，告诉孩子，不要买没有标签的玩具。如果是涂有油漆的玩具，要看玩具上面是否有无毒标志。告诉孩子，发声过大的玩具很危险，因为它会破坏儿童的听觉系统。不停闪烁的玩具也尽量不要玩，否则会对孩子的视力造成一定的影响。

安全教育一点通

还有一些玩具表面不光滑，容易擦伤孩子稚嫩的皮肤。有些玩具的尖角锋利，则非常容易刺伤孩子的眼睛。有些玩具则带有恐怖、暴力倾向，会使孩子变得不安、易怒……因此，孩子和父母在挑选玩具时，不能仅凭感观和感觉，应该更加注重玩具的安全问题。

细节 27

告诉孩子，宠物也会带来伤害

如果你的孩子在 10 岁以下，尽量不要让孩子单独与猫、狗相处，以免被咬伤和抓伤。孩子有权利表示对宠物的喜爱，家长则有责任让孩子在不受伤害的情况下与宠物相处。宠物不仅仅指猫、狗，还有小乌龟、小白鼠等。家长一定要警惕宠物给孩子带来的伤害。

父母们经常对孩子说，动物是人类的朋友。让孩子和宠物做朋友是没错的，但你必须要让孩子警惕宠物带来的伤害。有的小朋友被家里的宠物咬伤，父母应当赶紧带孩子就医，如果时间延误，很有可能出现生命危险。因此，教育孩子警惕来自宠物的伤害，非常有必要。

菲菲的姥姥家养着一条大黑狗。菲菲从来不怕它，经常和它玩闹。家长们认为，黑狗老实又乖巧，不会伤害菲菲的。一天，菲菲坐在院子里吃面包，饥饿的黑狗吃完菲菲手上的面包以后，猛然扑向了菲菲。菲菲哇哇大哭起来，黑狗被菲菲的哭声激怒了，一口咬掉了菲菲的鼻子。妈妈焦急万分地带着菲菲去医院抢救，终于脱离了生命危险。

从那以后，菲菲变得忧郁、胆小、爱哭。除了更加细致地呵护菲菲之外，父母没有别的办法。菲菲的家人希望时间能抹平孩子受到的伤害。这样的故事，值得所有的家长引以为戒。为了孩子不再受到宠物的伤害，快乐地和宠物相处，家长们一定要让孩子懂得，怎样跟宠物相处才安全。

安全教育大课堂

告诉孩子，不要向陌生的猫、狗伸手

告诉孩子，陌生的猫、狗要远离。让孩子知道，向陌生的猫、狗伸手是件非常危险的事情。当孩子向陌生的猫、狗伸出小手时，可能会引起狗、猫的误会。

告诉孩子，宠物也会带来伤害

告诉孩子，不要向陌生的猫、狗伸手。

让孩子不要靠近拴着的狗，以免被咬伤。

告诉孩子，和狗、猫玩耍后要彻底清洗双手。

如果我们的孩子有向陌生猫、狗伸手的习惯时，要及时制止孩子。对他说："乖宝贝，不可以这样的。因为宝贝这样做的话，小狗很容易咬伤你的手指哟！"

不要靠近拴着的狗，以免狗狗发怒被咬伤

有些孩子看见拴在路边，或者主人拉在手上的狗狗非常乖巧非常可爱，便忍不住上前挑逗。其实这样做最危险了。因为拴着的狗通常都具有较强的攻击性，而且脾气暴躁易怒，否则主人是不会把它拴起来的。另一方面，长期被拴着的狗不经常接触到生人，偶尔有人上前逗弄，狗狗会因为不习惯而对孩子发起进攻。所以，家长要经常告诉孩子："拴着的狗狗不能靠近，以免狗狗发怒被咬伤。"

告诉孩子，和狗、猫玩耍后要彻底清洗双手

儿童的抵抗力较差，与宠物亲密接触后，宠物身上的蛔虫、钩虫、弓形虫等寄生虫会通过口、皮肤或伤口进入孩子体内，从而导致孩子出现皮疹、贫血、发烧、营养不良等症状。如果寄生虫进入大脑，还会引发癫痫。因此，家长一定要经常告诉孩子，和宠物玩耍后要彻底清洗双手。同时家长要禁止孩子和宠物同床睡，同用一个饭碗。爸爸妈妈还要禁止孩子和宠物有过分亲密的举动，比如接吻、拥抱等。

安全教育一点通

如果孩子不慎被宠物咬伤，一定要马上去接种狂犬疫苗，这其中包括狗、猫、兔子、老鼠等哺乳类动物。如果是被鱼、龟、鸟等宠物弄伤，伤势较轻的话，要先把伤口处的淤血挤出来，再放在水龙头下冲洗，然后带孩子到医院给伤口消毒。

细节 28

让孩子知道，哪些儿童文具“带毒”

孩子从幼儿园开始，每天在课堂上接触最多的就是文具。铅笔、橡皮、圆珠笔、涂改液、作业本、荧光笔等。很少有家长会想到，文具也能成为危害孩子健康的“杀手”。

前不久的一则新闻上报道，一位正在上幼儿园的小女孩突然出现进食困难，喝水都会吐的症状。焦急万分的家长把孩子送到医院。经过 X 光检查，医生发现孩子的食道已经被严重腐蚀烧伤，疤痕堵塞了食道。经过扩张手术后，女孩的食道才恢复到正常的宽度。

是什么让女孩的食道出现如此严重的腐蚀烧伤呢？原来，女孩吸食了涂改液。检测后发现，涂改液内含有一种叫甲基环己烷的有毒化学物质。这种化学物质进入人体后，直接导致人体消化道狭窄。然而，几乎所有涂改液上都没有标明“有毒”“请勿食用”等警告标志。

除了涂改液外还有很多文具会对孩子的健康构成威胁，家长要让孩子清楚，哪些文具“带毒”不能用，哪些文具不能长期用。

安全教育大课堂

让孩子知道，纸张白得异常的作业本“带毒”

家长们都知道，纸张最初被制造出来时并不是特白，会发黄发黑。如果孩子所用的作业本的纸张特别白，很可能含有荧光增白剂。长期使用这种含有荧光增白剂的作业本，会影响孩子的视力。不仅如此，荧光增白剂被人体吸收以后，还会加重肝脏的负担。尤其是抵抗力较差的儿童，接触过量的荧光增白剂以后，会形成潜在的致癌因素。

让孩子知道，哪些儿童文具“带毒”

警告孩子，凡是带香味的圆珠笔和橡皮“带毒”。

告诉孩子，五彩的蜡笔也“带毒”。

让孩子知道，纸张白得异常的作业本“带毒”。

香草味的圆珠笔和苹果味的橡皮“带毒”

从20世纪90年代开始，带有香味的文具就已经在中国市场上大量销售了。有些孩子被圆珠笔的香味吸引，不但用来写字，还涂在身上、衣服上，以便让自己“香气袭人”。但时间一长，孩子很容易出现头痛、恶心、乏力的症状。

据医学专家研究发现，部分香味文具中都含有苯、甲醛、汞、烷等有毒化学物质。如果苯浓度超标，使用者轻则出现头痛、恶心、眼鼻咽喉发炎，严重的甚至可能引发血液疾病。即使这样，什么“香味笔芯”“苹果味的笔记本”“橘子味的涂改液”“香蕉味的橡皮”把孩子们的心勾得痒痒的。这时，家长们应该站出来对孩子说：“带香味的文具不能买，因为它们会对人的身体造成伤害。”

告诉孩子，五彩的蜡笔也“带毒”

几乎每个孩子小时候都渴望拥有一套色彩鲜艳的蜡笔，家长们也常常把蜡笔作为礼物送给孩子。但是，我们却不知道色彩鲜艳的蜡笔，含有大量的铅。当孩子有意无意地咬蜡笔，就会使铅毒进入体内，并且迅速沉积，从而影响孩子的神经系统，以致阻碍孩子的生长发育。因此，家长要告诉孩子：“五彩的蜡笔也‘带毒’，不能用嘴咬笔头。用完蜡笔要马上清洗双手。否则宝宝就会生病，然后还要打针吃药。”听父母这样说，孩子肯定会听话地点点头。

家长们要告诉孩子，可以用改正条代替涂改液，用普通的作业本代替白得异常的作业本，用不带香味的文具代替有香味的文具。

安全教育一点通

家长要定期检查孩子的书包，发现“带毒”的文具时，要及时让孩子把“带毒”的文具请出去，从而使孩子远离“毒”文具，健康学习，快乐成长。

细节 29

怎样让孩子不再搞恶作剧

孩子们出于好奇，或者存有捉弄人的心理，才会搞恶作剧。父母要想办法帮孩子克服这种心理，不要让这种爱好继续发展下去。如果家长不闻不问，不但会伤害到别人，也将不利于孩子身心的健康成长。

很多孩子喜欢搞恶作剧，可能是把妈妈的手包偷偷放到床底下，或者是把爸爸的领带藏在书柜里，也可能是在妈妈的帽子上插根鸡毛。如果父母对孩子搞恶作剧没有给予正确的引导和教育，也许有一天，孩子就可能会因为恶作剧而对其他孩子造成伤害。

12 岁的男孩天天，平时总喜欢和同学搞恶作剧。一天，天天把同桌小虎的鞋带系在自己的凳子上。下课铃响了，老师宣布下课，小虎站起来便往外跑，结果，扑通一声摔倒在地上，脚骨被严重扭伤。

壮壮也是一个喜欢搞恶作剧的孩子。一次体育课上，一名身体瘦弱的同学刚刚做好预备动作，准备跳远，壮壮便从后面猛地将同学推了出去。结果，被推出去的孩子腰椎骨骨折，未来的几个月只能躺在床上吃饭和学习。

当知道你的孩子把同学弄伤后，你也许会一脸茫然地说："我的孩子特别听话，怎么可能把同学伤成这样呢！"但事实上，这确实是你的孩子所为。父母们平时见到的，是回到家里乖巧的孩子，直到孩子给同学带来伤害了，才感觉到事情的严重性。

安全教育大课堂

让孩子知道，恶作剧可能会给他人造成人身伤害

有的孩子喜欢抽同学的凳子，当同学站起来回答问题时，偷偷地把同学的凳子抽掉。同学弯腰落座，就会被摔个"人仰马翻"。还有的孩子喜欢在同学的凳

怎样让孩子不再搞恶作剧

让孩子知道，恶作剧可能会给他人造成人身伤害。

告诉孩子，搞恶作剧会让人很讨厌。

教育孩子，不但自己不搞恶作剧，还要监督其他同学。

子上放钥匙、圆规、铅笔头、大头针等，当同学坐在凳子上时，被扎得吱哇乱叫。

让孩子知道，搞恶作剧既伤害同学之间的感情，又会给别人的身体造成不必要的伤害。孩子使同学受伤，家长肯定要带上人民币和礼品前去“请罪”。对于那些生活困难的家庭，无疑是雪上加霜。

告诉孩子，搞恶作剧会令别人感到讨厌

孩子们是出于好奇或者出于想捉弄人的心理，才会搞恶作剧。父母要想办法帮孩子克服这种心理，不要让这种爱好继续发展下去。如果家长不闻不问，不但会伤害到别人，也将不利于孩子身心的健康成长。

父母可以设计捉弄一次孩子，让孩子体会到被人捉弄并不好玩，从而让孩子改掉搞恶作剧的坏习惯。

教育孩子，不但自己不搞恶作剧，还要监督其他同学

当孩子把搞恶作剧当成一种时尚，一种乐趣时，便不觉得搞恶作剧有什么不对。父母要教育孩子不但自己不搞恶作剧，还要监督其他同学。如果发现同学搞恶作剧，应该马上告诉老师。大家共同努力遏制恶作剧的风气。

让孩子知道，过分的恶作剧也是一种不尊重别人的表现。恶作剧所带来的快乐只是一时的，但造成的伤害则是长期的，甚至是终生的。家长在教育孩子的时候，既要让孩子学会不受他人伤害，也要保证孩子不去伤害他人。

安全教育一点通

当孩子在家里时，父母应该多陪陪孩子，和孩子一起做游戏，让孩子把兴趣放到游戏上来。当父母忽视孩子太久以后，孩子为了引起父母的注意，就会搞恶作剧。当孩子在学校里时，你应该让孩子把精力放在学习上。上课注意听讲，下课和同学做些游戏。这样就能很好地改掉搞恶作剧的习惯。

第9章

教孩子避免意外事故的安全策略

细节 30

下水井很危险，“大嘴”一张人不见

当你带着孩子路过有盖儿或者没盖儿的下水井时，要指着下水井对他说：“宝贝，看见那个圆盖儿了吗？那里非常危险。如果你一个人跑到下水井边去玩，很容易就会掉下去。到时，爸爸妈妈就再也见不到宝贝了。”

孩子能跑会跳的时候，便开始和小朋友们在小区里嬉戏打闹。可孩子们并没有意识到，在下水井盖没被盖严的情况下，孩子站到上面踩来踩去，很可能会发生掉下摔伤的危险。但是，很少有父母会告诉自己的孩子，不要到下水井边玩闹。

2010 年 3 月 14 日下午，7 岁半的小男孩在兰州市城关区某路的公园玩耍，一下子掉进了公园内一口 6 米深、35 厘米直径的下水井内。一个老人在公园里锻炼身体，听到了孩子的哭声。老人赶紧拨打了 110 电话求救。男孩命悬一线，经过公安民警一个多小时的营救，终于获救。

孩子被救出来后，妈妈抱着孩子大哭起来。人们担心，如果年龄再小一点的孩子掉进去，可能命就没有了。孩子们对下水井很好奇，看到没有安井盖的下水井，竟然想跳下去看个究竟。孩子们越无知，父母的安全知识教育就越重要。

安全教育大课堂

下水井很危险，“大嘴”一张人不见

下水井在马路上随处可见，但父母们却不知道哪个井盖儿是坏的，不知道哪个井盖会突然张开大嘴巴“吃掉”站在上面的孩子。家长要对孩子说：“宝贝，你要远离下水井。”

当妈妈和孩子一起散步时，一起出门购物时，在路上看到下水井一定要带孩子绕行。并且告诉孩子为什么要绕行，趁机给孩子讲解在下水井边玩闹可能会发

下水井很危险，“大嘴”一张人不见

告诉孩子，下水井很危险，“大嘴”一张把人吃。

孩子一旦落入下水井，要安慰孩子，相信有人来救他。

孩子掉进下水井里，要让他不哭不闹，保持体力。

生的意外。

孩子，要相信肯定有人来救你

如果孩子掉进了下水井，他大声哭喊，却看不到有人过来，他双脚乱蹬，却爬不出来，孩子会不会感到绝望？做家长的，在对孩子进行安全教育时，应该说："宝贝，如果你掉进下水井，你一定要相信爸爸妈妈，还有消防队的叔叔阿姨，我们都在想办法，一定会救你出来的。"

孩子，掉进下水井，要尽量保持体力

妈妈带4岁的小雨去游泳馆游泳。小雨特别开心，顺着小路跑来跑去。突然，小雨就不见了。妈妈跑过去一看，下水井里一条排污管"吐"出的水流把孩子冲走了。妈妈跳下去，死死拽住孩子，一只手紧紧抓住井壁的砖。妈妈一边安抚小雨不要哭，一边大喊救命，等救援人员赶到以后，她和小雨坚持了两个小时，终于被救了出来。

在等待求援的过程中，家长要告诉孩子，如果掉入的是又细又深的"筒子井"，千万不能随便乱动，因为一动可能就向更深处滑去。如果掉入的是脏水很深的下水井，要想办法抓住井壁的砖，两腿尽力撑开，脚蹬住两边井壁，尽力把脖子以上部分露出水外，免得窒息，坚持的时间越长越好。

各大媒体不断出现下水井"吃人"的报道，这已经能够说明下水井的危险程度。为了孩子的生命健康，家长一定要重视起来。

安全教育一点通

带孩子出去玩时，父母一定要熟悉周围环境。哪里有下水井，哪里的下水井盖没有盖，父母都要了然于心。不熟悉的环境，父母就不要让孩子离开自己太远，更不能让他们独自去玩。

细节 31

建筑工地不是孩子的游乐场

建筑工地危险重重，告诉孩子，和小朋友玩耍打闹时，一定不能进入。玩耍时注意力不集中，很可能会被绊倒、擦伤、撞伤、砸伤、扎伤，甚至会因为一时不小心，付出生命的代价。

建筑工地对于天真活泼、好奇心强的孩子来说，存在着极大的危险。有些父母会蜻蜓点水式地对孩子说：“宝贝，不要到建筑工地上玩。”而有些父母，干脆什么也不说。可一旦发生事故，家长便开始后悔没有提前给孩子打好“预防针”。

星期天，6 岁的男孩明明趁父母午睡时，跑出去到小区附近的建筑工地上玩。工人中午不休息，正在热火朝天地干活。明明被工地上的铲车吸引住了。正在明明抬头看铲车的时候，铲车上有一块小石头从高处抛过来，正砸到明明的头上。石头虽小，但从高处落下，冲击力强，明明的头上鲜血直流。幸好，工人听到哭声跑过来，抱起明明直奔附近的医院。当父母赶到时，明明头上的伤口已经包扎好了，缝了四针。

明明受伤，幸亏有人及时送他去医院。铲车上掉下的是块小石头，如果掉下块大石头，明明就没命了。明明才 6 岁，还是个小孩子，他出了事不是因为他不听话，而是父母没有对孩子进行过这方面的安全教育。

安全教育大课堂

告诉孩子，建筑工地藏着很多危险

正在施工的工地，机器隆隆作响，车辆驶进驶出，这对孩子来说是一个不小的诱惑。可是，孩子们却不知道建筑工地存在着诸多安全隐患。拆迁工地的断墙、残壁摇摇欲坠，钢筋、碎砖头遍地都是，很危险；建设工地机械设备多，掘

建筑工地不是孩子的游乐场

让孩子知道，建筑工地可不是好玩的地方。

告诉孩子，玩耍打闹时，要远离建筑工地。

父母最好带着孩子到建筑工地看看。

土机、打桩机、搅拌机、起重机，孩子走过很可能会被撞伤；建筑工地电线遍布，常常是漏电或者火灾的多发地。这些，都是父母应该教给孩子知道的。

告诉孩子，玩耍打闹时，要远离建筑工地

8 岁的宁宁觉得工地上工人焊铁窗很有意思，便跑过去看。半个多小时以后，宁宁觉得眼睛疼痛难忍，便哭着回家找妈妈。妈妈发现儿子的眼睛又红又肿，还不停地流泪，便马上带着孩子去看眼科医生。医生告诉妈妈，孩子因长时间盯着电焊火花发出的刺目的光，而使眼睛轻度受伤。

建筑工地危险重重，玩耍时注意力不集中，很可能会被绊倒、擦伤、撞伤、砸伤、扎伤，甚至会因为一时不小心，付出生命的代价。这样的事故在各种媒体上不断出现。要叮嘱孩子绕道而行，远远经过建筑工地，眼睛不要盯着工地上闪烁的电焊火花，不要以为距离远就不会受到伤害，它的火花含有高强度紫外线，也会灼伤你的眼睛的。

孩子，我带你到建筑工地看看

做父母的都知道，孩子的好奇心十分强烈。如果只是单纯地教育他“要远离建筑工地”，不一定起到什么作用。父母可以带孩子到建筑工地实地参观，最好选择停工的时间。进入工地前，要戴好安全帽，穿宽松的衣服、轻便结实的鞋子，给孩子讲解工地上的安全知识。这样，既满足了孩子的好奇心，也让孩子了解了建筑工地的“秘密”。这样，再经过建筑工地时，孩子就不会再想进来“探险”了。

安全教育一点通

建筑工地有多种危险源，即使是成人，也要注意安全，更不用说年幼的孩子了。家长是孩子的第一任老师，有责任告诉孩子建筑工地危险，一定要远离。

年龄很小的孩子，即使有大人陪同，去工地上参观也不安全。父母可以买一些楼房、机械设备的玩具和模型，找一些碎石散沙，模拟建筑工地对孩子进行教育，也能起到很好的作用。

细节 32

克制好奇心，打斗场面不靠近

有些小朋友一见到打斗场面，不但不会害怕，反而会产生非常强烈的观看欲望。作为孩子的父母，你应该拉着孩子的手对他说：“宝贝，看见那些人了吗？被打得头破血流。如果你站在里面看的话，受伤的那个人有可能就是你了。如果实在想看的话，远远地看两眼就行了。”

孩子的眼睛里总是充满好奇。即使是有人在吵闹打斗，他也会去凑个热闹，去看看到底发生了什么。他不知道这样的场面有多危险，不单身体上可能会受到伤害，心理上也会留下阴影。

放学后，8 岁的小雨在家门口玩。一抬头，小雨看到前面围了很多人。他觉得很好奇，便挤到人群里去看。原来是一个卖水果的和顾客吵起来了，越吵越厉害。小雨越看越来神，觉得比看电视有意思多了。但是，这两个成年人打起来了。小雨站在最前面，一下子被挤倒了，手还被一个人踩了一脚。

孩子无意中的好奇，却造成了腿部骨折的严重后果，这是因为家长没有提前对孩子进行过这方面的安全教育，告诉孩子要远离打斗现场。不然的话，小雨怎么会挤到人群中去看热闹呢？

安全教育大课堂

告诉孩子，不要和小伙伴打架

刘女士在某亲子论坛上诉苦说：“我儿子 12 岁了，经常和同学打架。每次不是自己受伤，就是把同学打伤。每次都要花上一笔数目不小的医药费。我和老公，一看见老师打来的电话，就知道准是孩子又打架了。真不知道该怎么管这个孩子，头痛死了！”

如果你的孩子是一个“打架王”，那么，你应该在平时教育中，给孩子多讲

克制好奇心，打斗场面不靠近

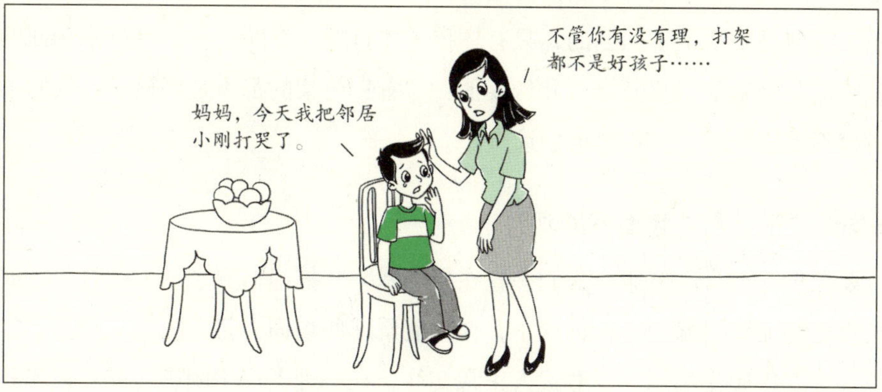

告诉孩子，不要和小伙伴打架。

告诫孩子，打斗场面不能观看。

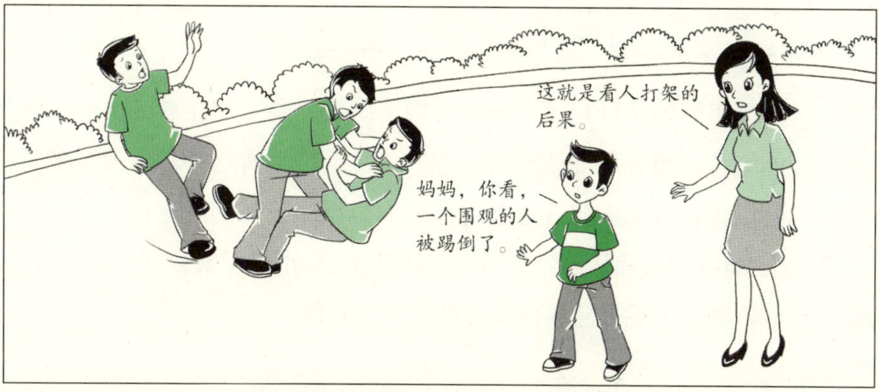

提醒孩子，如果有人在打架时，要远离。

讲打架的坏处。在看动画片和图书时，看到打架的场面就要告诉他：“他们这样做是不对的。”告诉他，不要模仿电视上的那些暴力动作，有许多别的方式处理问题，打架是解决不了问题的，只有坏孩子才打架。在路上遇到有打斗场面的，家长一定要带着孩子绕开走，并告诉他：“看！打架的都不是好孩子，我们不去看，也不要学他们，我们离他们远点。”

告诉孩子，打斗场面不能观看

要保护儿童身心健康，我们一直在拒绝暴力，拒绝血腥，街上的打斗场面，是最直接的血腥与暴力。告诉孩子，你不能看那些场面。打斗场面看得多了，孩子也许会变得胆小懦弱，不敢跟人正常交往，在心理上产生阴影。或者，那些拳脚相加的场面深深印在孩子心里，孩子会变得狠毒暴戾，这对孩子的成长十分不利。

如果有人在打架时，要远离

父母要告诉孩子，如果他身边突然有人打斗起来，一定要尽快躲开，跑到空旷的安全地方去。如果在公共汽车上有人打架，告诉孩子，抱住头，或用随身带的包挡在头部，尽可能把身子藏到座位后面，防备受到打斗者的拳脚伤害。

现实中的打斗现场不是演电影，每个人都可以坐在一边津津有味地欣赏。别人在打斗，也并不是与自己完全无关的事，家长要让孩子知道，你自己不参与打斗并不能保证安全，打斗场面你也万万不可靠近。

安全教育一点通

年轻的父母在孩子面前玩网络游戏，要多加注意。孩子的分辨能力差，很容易混淆网络与现实，在网络上看这些暴力情节多了，会以为在现实中出现这些打斗场面也是很自然的。这样，当他在路上、车上，或者其他公共场合看到打斗的场面时，就会好奇地去围观，殊不知，围观打斗场面很容易使自己受伤。

细节 33

让孩子远离高压变电设备

当父母和孩子一起在街边行走，刚好路过一个用栏杆围着，标有“高压危险”的变电设备时，应该对孩子说：“宝贝，这个大块头里面全是电。无论你多么好奇，都不要靠近它，否则手脚就会被电成黑色，会非常痛苦的哟！”

可能你已经告诉过孩子，不许乱动家里的电器和电线，墙上的插座也不能乱摸。但是，父母们千万不要以为，孩子懂得了这些知识，就算是安全的了！

2009年4月24日，5岁的小娥独自在家门口玩。不一会儿，小蛾顺着石阶爬上了配电房。玩了没几分钟，小娥不小心碰到了配电房上的裸线，只听惨叫一声，一头栽倒在配电房上。听到惨叫的邻居赶来时，小娥已经四肢焦黑，不省人事。经过抢救，小娥脱离了生命危险，但身体上却要留下永久的疤痕。

庆幸的是，孩子的生命保住了。不幸的是，因为一次意外，使小女孩的身体造成了严重的疮伤。作为家长，我们该怎么教育孩子，避免类似的悲剧再次发生呢?

安全教育大课堂

告诉孩子，不要去踩踏“电老虎”

做家长的要告诉孩子，“电老虎”可是踩踏不得的，如果踩到“老虎”，它一发威，就不得了了。告诉孩子，尤其是“老虎”头上那些线不能动，一动的话，“老虎”就会张口咬人的，轻则受伤，重则送命。孩子玩耍的时候，要远离配电房、变电站等高压变电建筑，也要远离变电箱等设备。

让孩子远离高压变电设备

告诉孩子，不要轻易去触摸“电老虎”。

告诉孩子，变电站附近的空气里有毒。

告诉孩子，打雷的时候，远离高压变电设备。

告诉孩子，变电站附近的空气里有毒

高压变电设施对人体有一定的辐射。专家指出，变压器、高压输电铁塔、高压变电站周围有电磁辐射污染，会影响儿童健康，易诱发儿童白血病、儿童智力残缺等。孩子不懂得什么是电磁辐射，家长可以告诉孩子，不要在那所小房子附近玩耍，那里的空气里有毒，沾在宝贝的皮肤上会让宝贝生病的。这样，孩子一走近变电站或者配电房，就会想起爸爸妈妈的话，不在附近逗留了。

告诉孩子，打雷的时候，远离高压变电设备

9 岁的雪雪是个犟孩子。天上黑黑的，快下雨了，她非得到奶奶家去。爸爸拗不过她，只好陪她去。他们正在马路这边走着，突然，天上一道闪电过后，响起一声惊雷，马路对过上空架的高压线掉在地上，冒着火花，火花烧过的地方马上变黑了。雪雪吓坏了，她还说一会过马路呢，如果正赶上被高压线烧着，那太可怕了。

高压输电塔很高，容易被雷击中，雷雨天时，告诉孩子要远离，不要从附近经过，更不要在塔下避雨，而要尽可能绕行。打雷的时候，高压线突然被击中，容易发生短路，从而引发火灾，家长要告诉孩子，雷雨天不能离那些高压线和高压设备太近，免得被击伤或者烧伤。

高压电尤其厉害。一旦触及，轻则重伤，重则送命，抢救都来不及。家长还是了解一些这方面的知识，让孩子在见到高压变电设备的时候，不向前靠近，自觉远离。

安全教育一点通

高压变电设备与设施，并不像家庭里用的电器一样，随处可见。可是它的危险性却非常大。父母带孩子出去玩的时候，要切记，如果看到变压器、变电站、配电房、高压塔等设施时，一定不要放过对孩子进行安全教育的机会，要告诉孩子，你看到的这些安安静静似乎很温顺的“庞然大物”，存在着多大的危险。父母的一次适时教育，可能会避免终身的伤痛。

第 10 章

教孩子运动时不受伤的安全策略

细节 34

让孩子警惕高处的危险

在孩子幼小的心灵里，有时候会幻想像小鸟一样飞翔，家长知道孩子的这个想法后，不要嘲笑孩子，应该给他们一个尝试的机会。比如，让孩子从高一点的台阶上往下跳，下面最好是柔软的土地或者沙地。同时告诉你的孩子：“人是不会飞的，从高处往下跳时，很容易摔伤。”

孩子们喜欢登高，因为他们总想体验一下“飞翔”的感觉。而有些父母会认为，小孩子天生爱爬高，喜欢爬就爬吧，而不能及时告诉孩子登高的危险，孩子很可能会受到伤害，甚至失去生命。

一天下午，年轻的王女士看到5岁的孩子睡得很香甜，便独自出门办事。孩子醒来后找不到妈妈，便一个人跑到阳台上探头探脑地向下望……

几分钟以后，妈妈回来，看到楼下围着一圈人。她走过去一看，当场晕死过去。原来，孩子从6楼的阳台上跌落下来，当场死亡。

孩子因登高而受伤的事件频频发生，这也为父母们的安全教育敲响了警钟。父母不可能随时跟在孩子身边，应该将安全意识根植于孩子的头脑中，这样才能够让孩子不受登高的伤害。

安全教育大课堂

不要从窗台向下望，会很危险

现在的高层住宅越来越多，很多窗户和阳台都缺乏防护网等保护装置，这对孩子的安全形成了一个潜在威胁。所以，无论在家里，还是父母带孩子去别的地方，只要孩子有时间独处，父母都要提醒孩子，不要从阳台上向外探身，不要从窗台上俯身向下望，如果失手或者失重就会从窗户或阳台上掉下来，非常危险。

让孩子警惕高处的危险

让孩子明白，不要从窗台向下望，会很危险。

不要让孩子自己去拿高处的东西，要请家长帮忙。

让孩子懂得，从高处跳下会摔伤的。

不要自己去拿高处的东西，一定要请家长帮忙

一个5岁的小男孩想吃放在吊柜里的零食。他站在一把高凳子上，拉开橱门，然后用两只手紧紧地抓着食物。当男孩从凳子上下来时，脚下突然失去平衡，凳子翻了。孩子的嘴巴磕在暖气片上，鲜血直流。

家长应该把孩子经常玩的、吃的东西放在孩子容易拿到的地方，避免孩子登高。有时候，孩子对放在高处的东西很好奇，家长要告诉孩子，那些不是他能玩的东西。如果他很想看看，家长可以把东西拿下来让孩子看，打消孩子的好奇心，还要随口告诉孩子，宝贝，以后你还想拿高处的东西，可以找大人帮忙，爸爸妈妈是乐意帮助你的。

让孩子懂得，从高处跳下会摔伤

在孩子幼小的心灵里，有时候会幻想像小鸟一样飞翔，家长知道孩子的这个想法后，不要笑话孩子，可以让孩子适当地做一下尝试。比如，让孩子从高一点的台阶上往下跳，下面最好是柔软的土地或者沙地，让孩子自己看看，他能不能飞起来。家长要适时地告诉孩子，人不是小鸟，没有小鸟的翅膀，所以站在高处往下跳，不但不会飞起来，还会掉下摔伤。

还有很多孩子喜欢看武侠片，非常羡慕里面的轻功绝技，这时候家长要对孩子说："宝贝，千万不要模仿电影电视里的人，他们是在演戏，不是真的。演员的背后有保险绳，下面还有很厚的垫子接着，如果没有这些措施，他们也会受伤的。如果宝贝不听妈妈的话，就得打针吃药，非常非常痛苦哟！"

安全教育一点通

做家长的，不能因为怕孩子出现危险，而过分小心谨慎，导致孩子胆小、畏难。有的孩子，都10岁了，连一米高的台阶都不敢上去，这也不利于孩子的成长。家长可以适当培养孩子的胆量，结合他的年龄段，根据他的能力，在做好防护措施的前提下，适当做一些登高的训练。

细节 35

告诉孩子，运动时最需要保护哪些部位

据专家统计：面部、头部（尤其是左、右脑）、腮、喉、后颈脊椎、肺、心脏、腋下、腹、肋、裆、尾椎等部位是人体最容易受伤致死的部位；扭手关节，翻腕、指关节，猛击大腿肌肉、膝盖等是最有效的非致命打击部位。

当孩子喜欢上一种运动，并乐此不疲的时候，家长通常是又喜又忧，这样的担心不无道理，因为运动可以锻炼身体，但也容易受伤。

10岁的小飞非常喜欢踢足球，他和同学们经常一起踢球、比赛。在一次比赛时，小飞得到队友的传球，就带着足球向前跑去，对方的几个同学马上从四面向他围过来，眼看就要被右面的同学追上了，小飞想起刚学的一个假动作。突然，他觉得膝盖一阵刺痛，摔倒在地上。

小飞被同学们送到医院，经过医生检查，原来小飞的半月板被撕裂，小飞不能再进行跑步、踢球一类的运动了。

伤在孩子身上，却疼在父母的心上，当孩子受的伤不能彻底痊愈，将会在他们心灵深处留下难以磨灭的阴影。如果家长及早教会孩子在运动中保护自己，那孩子受伤的可能性会大大减少。

安全教育大课堂

宝贝，运动时要注意保护头部

头部，是运动中首先应该保护的部分。它是人体的司令部，集中着眼睛、耳朵等重要器官，如果受到猛烈的冲击，很可能造成脑震荡、颅骨骨折、硬膜下出血等严重后果。

家长要告诉孩子，在进行自行车、滑冰等高速运动时，一定要戴头盔，这是

告诉孩子，运动时最需要保护哪些部位

运动时要让孩子注意保护头部。

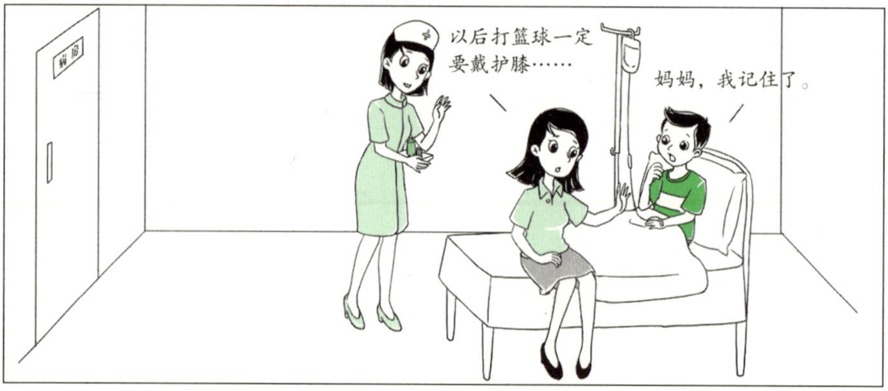

告诉孩子，运动时要注意保护膝盖。

教导孩子，活动时不要扭伤脚踝。

保护头部的“硬性措施”。在运动中，一旦滑倒，或者从高处失足落下，告诉孩子，要用双手紧紧护住头部，避免头部受到直接的撞击。

孩子知道怎么保护腰部吗

孩子在运动过程中，腰部是很容易扭伤的。家长要告诉孩子，运动前热身时，要做一些扭动腰部、弯腰、蹲起等动作，在运动中不要突然转动上半身。在媒体上我们经常看到有些超常儿童，从三四岁就开始练习举重，其实举重时腰部要受到很大的压力，对孩子的发育是不利的。

告诉孩子，运动时要注意保护膝盖

膝关节是运动中最容易受伤的部位，踢足球、打篮球和跑步都容易拉伤膝部韧带，损伤半月板。一旦这个部位受伤，是很难完全恢复的，不仅不能再跑步，甚至上下楼和下蹲的动作都会受到影响。

家长要告诉孩子，在进行运动前，可以有意识地锻炼膝部，比如，多练习跳跃，落地时要前脚掌落地，膝盖微曲，姿势就像是坐在椅子上一样，而不要双腿垂直落地。

孩子，你要保护好你的脚踝

家长告诉孩子，运动前要穿合适的运动鞋，戴好护踝，可以起到保护脚部的作用。还要让孩子记住，不要在高低不平的地方奔跑，这样很容易扭伤脚踝，俗称“崴脚”。孩子，不要把“崴脚”不当回事，崴了脚，要尽快用冰冷敷，等受伤的肌肉和韧带完全恢复以后，再去运动。

安全教育一点通

如果你是女孩的家长，一定要让孩子格外注意保护她的胸部。女孩发育期普遍提前，10 岁左右的女孩胸部已经发育，13 岁时都应该戴胸罩了。正在生长中的胸部是非常脆弱的。家长要告诉女儿，在参加一些大幅度运动时，如足球、篮球、跑步时，要十分小心，当对面可能发生撞击时，要把双臂抱在胸前，减缓冲击带来的伤害。

细节 36

孩子不适合哪些运动

10 岁以下的孩子，身体正处在生长发育的旺盛期，体内各器官、组织尚未发育成熟。如果过早地让孩子进行某些体育运动，不但不会起到强身健体的作用，反而会使孩子的身体受伤。

所有的孩子，都希望自己很强壮，如果被人称做“豆芽儿”，那是多没脸的事啊。锻炼可以给孩子带来无穷的乐趣，但是，对于 10 岁以下的孩子，有些运动并不适合他们。

8 岁的阳阳希望自己长得像爸爸一样，高高大大的。于是，他便跟着爸爸天天练长跑。等到 10 岁时，他每天能跑 10 公里。有一天，阳阳突然觉得脚疼，但他仍然继续坚持练。几天后，阳阳的左脚又红又肿，走路都非常困难。爸爸带阳阳去医院检查。医生说，阳阳得了跖骨疲劳性骨折，如果不好好治疗，不注意休息，很容易会造成畸形。医生的话令爸爸和阳阳都大吃一惊。

孩子锻炼身体没错。但是，10 岁以下的孩子骨骼比较脆弱，身体的承受能力较弱，如果是高强度高危险的运动，再加上安全意识匮乏，很容易对孩子的身体造成伤害。做父母的一定要告诉孩子，哪些运动适合他，哪些运动不适合他。只有这样，孩子才能够在运动中不受到伤害。

安全教育大课堂

10 岁以下的孩子不宜玩碰碰车

在公园里，或者游乐场里，很多孩子一看见花花绿绿的碰碰车，便迫不及待地跃跃欲试。但是，父母应该阻止孩子玩碰碰车。因为碰碰车强烈碰撞时，很容易造成儿童手脚扭伤、碰伤。同时，碰碰车碰撞的同时，孩子的大脑也会受到不同程度的震荡伤害。如果你的孩子在碰碰车面前又哭又闹，那么你要安抚他的情

孩子不适合哪些运动

父母要清楚，10岁以下的孩子不宜玩碰碰车。

告诉孩子，拔河并不是安全的运动。

告诉孩子，玩滑板真的很危险。

绪，对他说：“亲爱的宝贝，你现在还太小，玩碰碰车会使你受伤的。等你长大一些的时候，妈妈再来陪你玩。”

告诉孩子，拔河并不是安全的运动

学校组织运动会时，拔河往往是必备项目。这项运动既可以锻炼孩子手臂的力量，也可以增强集体观念。但这种运动安全吗？答案是否定的。

有调查显示，10 岁以下的孩子并不适合参加拔河运动。因为拔河运动后，孩子的心率会变高，心跳会变快。通常拔河后的一个小时，孩子的心率和心跳仍然没有恢复到正常状态。另外，孩子的肌肉还很娇嫩，容易被粗糙的绳子磨破。如果孩子猛然用力，还会造成关节脱臼。当然，如果他非参加不可的话，最好戴上手套和护膝。

告诉孩子，滑板真的很危险

男孩们通常喜欢刺激型的运动，滑板就是其中的一种。滑板能锻炼身体的平衡能力，还能锻炼四肢的灵活性，但滑板的危险性也要比其他运动大得多。如果孩子在 8 岁以下，家长要告诉孩子：“滑板你还不能玩，它需要腿部很有力量。等你年龄大点，能掌握平衡以后，再玩就会安全很多。”

其实，适合孩子玩的游戏很多，像跳绳、拍球、跳皮筋、游泳、儿童健美操等。就拿跳绳来说，它对场地的要求不高，而且工具简单。在跳绳的时候，需要手眼的配合才能比较好地完成动作，既锻炼了孩子的协调能力，又舒展了关节。

安全教育一点通

你可以让孩子参加跳绳、弹跳、跳皮筋、拍小皮球、踢小足球、打小篮球、游泳等体育运动，这些项目既有助于孩子身体的成长，又不会对身体造成伤害，可以说是一举两得的好事。

细节 37

孩子在球类运动中如何保护自己

孩子慢慢长大，父母会鼓励孩子去参加一些球类运动，比如羽毛球、乒乓球、篮球、排球、足球等。但是，家长们却不知道，在球类运动中，如果孩子不懂得保护自己，就会很容易受伤。

球类是孩子从小玩到大的玩具。小时候是皮球，大点了，慢慢就懂得什么是篮球、足球或者排球。当孩子在球场上奔跑跳跃的时候，当孩子梦想着要做个球类明星时，说不定一场意外，就有可能使孩子的梦想化为泡影。

乐乐是个非常喜欢打篮球的孩子。星期天他和同学去打球，投球上篮时，先是被同学撞倒，又被摔碎的眼镜片扎破了脸。妈妈心疼地带着他去看医生。庆幸的是，伤口不深没有伤到眼睛。妈妈开始为孩子担心起来，害怕孩子在运动中再次受伤。

孩子在运动中受伤，家长自然会非常心疼，但却不能因此而不让孩子运动。再说，球类运动是健康运动，应该大力提倡。家长要做的，就是教孩子在球类运动中如何保护自己。

安全教育大课堂

提醒孩子，打球前要装备好自己

告诉孩子，打球前一定要换上合适的运动鞋，不同的运动要穿不同的运动鞋，比如打篮球要穿中高帮的运动鞋，可以保护脚踝；踢足球要穿有鞋钉的足球鞋，可以起到很好的防滑作用。告诉孩子要戴好护膝、护腕、护踝等防护用具，免得在对抗性的冲撞中受伤。另外，还要告诉孩子，不要戴装饰品，不要戴有框眼镜，免得伤到别人或伤及自己。

运动前，先做 20~30 分钟热身。

孩子在球类运动中如何保护自己

提醒孩子，打球前要装备好自己。

让孩子记住，在打球的时候，也要保护好自己。

不要让孩子刻意模仿球类明星。

球类运动强度大，时间长，需要消耗很大的体力。家长要告诉孩子在运动前25~30分钟，先做热身运动。要模仿运动中要做的那些动作，比如弯腰、振臂、压腿，活动脚踝，慢跑等。但要记住，不要把动作做到极限，以免拉伤肌肉。达到全身发热的效果时，热身运动就算做好了。

不要让孩子模仿球类明星

13岁的李义，是同学中的“小姚明”。他特别喜欢看NBA篮球赛。当然，他自己也是学校篮球队主力队员。在一次学校比赛中，他抢得了一个球，三步两步带球到了篮下。只见他高高跳起，球进了！但是，突然李义身子倾斜，摔倒在地。老师和同学马上把他送到校医务室。他说，他想模仿球星双手抓篮的动作，本来以为自己能够得着，没想到手只碰到篮外环，身体就失去平衡摔倒了。

喜欢球类运动的孩子，肯定经常在电视上看球类的比赛。那些明星们的动作好酷啊！可是，家长要告诉孩子，不要一味地模仿明星，因为你不具备对方的身体条件，如果刻意模仿就会很容易受伤。

球类赛场是最容易发生事故的赛场，除了部分意外事故，还有相当一部分是人为的原因。家长要告诉孩子，赛场是很严肃的，既然进入，就一定要遵守规则，要严格按照规则比赛。防守的时候，动作要合理，进攻的时候，不能带有攻击性，以免激怒对方，发生冲突。

安全教育一点通

球类运动非常耗费体力，长时间的运动，不但会使孩子的人体机能下降，还会影响他们正常的休息和学习。父母要告诉孩子，玩球不要超过一个小时。有的孩子喜欢在广场上踢球，但是水泥等异常坚硬的地面，一旦摔倒，很容易受伤。踢球应该地土质地面或者草地上进行。

细节 38

孩子在野营时应注意什么

郊游或野营的地点，大多是远离城市，物质匮乏、交通不便、通讯中断。当孩子们要去野外郊游、野营时，父母一定要让孩子提前做好准备工作，并且告诉他们一些野营时应该注意的问题。

几乎每个孩子都非常喜欢野营，希望深入到大自然中，去感受绿色的空间。很多家长也希望孩子能增长见识，得到锻炼，但是又有一丝忧虑：孩子不在自己身边，会不会发生什么危险？能不能得到很好的照顾？孩子遇到问题能不能自己处理？

小培是个小学二年级的学生。他报名参加了学校举办的暑假野营活动。活动的前两天，小培和同学们玩得非常开心。第三天，在自由活动时，小培和两个同学一起离开营地，到小溪边玩。他看见水里有小鱼游来游去，就和同学下河捉鱼。一不小心，小培被石缝里的瓦片扎伤了脚，同学们赶紧扶着他回到营地。营队的医生马上给小培清理了伤口，包扎好，还给他打了一针破伤风。虽然处理及时，可剩下的几天，小培哪儿也去不成了，只能留在帐篷里休息。

野营是一项非常好的活动，虽然有人照顾和管理孩子，但是，却不可能每时每刻关注到孩子的一举一动，如果孩子缺乏一定的自我保护意识，就会面临伤害。

安全教育大课堂

出发前，准备好生活必需品

孩子很少独自出门，又不会自己整理行李，家长可以教孩子自己去准备，让孩子想想，哪些是自己每天要用到的必需品，然后写在纸上，往书包里放一样，就用笔划掉一样。

除了需要准备一些生活必需品，家长还要教孩子考虑天气和其他一些意外因

孩子在野营时应注意什么

出发前，帮助孩子准备好生活必需品。

野营时，不要擅自离开队伍，独自行动。

教导孩子不吃野菜野果，不喝野外的生水。

素。问问孩子，要不要准备雨伞或者雨衣？要不要带上小手电，这样在黑暗里就可以看清东西了。

野营时，不要离开队伍，独自行动

野营的地方通常是一些孩子和老师都不熟悉的陌生地。有的孩子野营时离开队伍，独自行动，而独自行动的最大可能就是迷路。当然，也可能会碰到其他不可预知的危险，比如：掉进山窟窿里、陷进沼泽地中、遇到毒蛇或者猛兽、被蜜蜂追赶并被蜇伤、遇到专门拐骗孩子的坏人等。所以说，家长一定要告诉孩子，野营时要遵守营地纪律，不能随便离开队伍独自行动，以防发生意外。

不吃“野”菜“野”果，不喝野外的生水

孩子们在城市里生活腻烦了，去野营、野游的时候，总想找点野味尝尝鲜。但是，家长应该让孩子知道，野菜、野果是不可以随便吃的。

曾经有一个班的小学生到山上野营。两个男生在山坡上发现了一片野苹果林。于是，他们摘了很多苹果，拿回来分给同学们吃。结果，孩子们开始肚子疼，口干、恶心。原来，那不是什么野果，而是由果农来看管的。三天前，果农刚刚上山给苹果打过药。

野外的蔬菜、瓜果，如果是野生的更要提高警惕。有些野果可能有毒，不能直接吃。同时，还要告诉孩子不要喝野外的生水。因为野外的生水不知道水质是否被污染，水里面是否含有寄生虫等。所以，一定不要让孩子喝野外的生水。同时，要求孩子出发前带足饮用水。

安全教育一点通

野营安全小知识：1. 如果晚上睡在帐篷里，最好让孩子和衣而眠或者只脱掉一件外套，以便有意外情况时，能够迅速起床。2. 不要到野外河里游泳，以防发生意外。3. 提醒孩子带上防蚊器，或者花露水，要知道野外的蚊子可是很厉害的。

第 11 章

教孩子受伤后自救的安全策略

细节 39

孩子的手脚受伤后怎么办？

如果孩子的手指出血，就用一只手用力压住受伤手指的两侧；如果是手肘出血，就用一只手的四指，用力压住受伤手臂上臂内侧隆起的肌肉来止血。如果仍然出血不止，就说明没有压住血管，应让孩子调整手指的位置，再做一次。

如果家长在孩子身边，孩子手脚受伤了，家长会飞速地冲过去，细心地为受伤的孩子止血、包扎，安慰孩子不要害怕。当孩子受伤严重时，家长们会马上抱起孩子冲向医院。可是，当孩子独自一人时，手脚受伤了，谁来帮孩子止血、包扎伤口呢？谁来告诉孩子应该怎样保护自己？

乐乐是个活泼、调皮的孩子。有一天，爸爸妈妈不在家，乐乐看到抽屉里有一把水果刀，便握在手中，走到冰箱前取苹果。苹果还没有拿到，乐乐的手指已经被划了一个口子。看到鲜红的血液流下来，乐乐吓得赶紧跑到客厅给妈妈打电话。妈妈回到家时，孩子哭着举着自己的手指，地上却流了好多血。妈妈赶紧给孩子简单包扎伤口，然后带着孩子去楼下的社区医院。

孩子是父母的心头肉，是一个家庭的未来。每个父母都不希望孩子的身体受一丁点伤害。父母除了要尽全力保护孩子不受伤外，还应该教会孩子，受伤后快速简单急救，使伤口不至于进一步恶化。

安全教育大课堂

孩子受伤后，教他用创可贴止血

文文从幼儿园回来后，妈妈给她切了一块苹果吃，切完苹果后剩下的一半苹果和水果刀就放在了桌子上，文文便一边吃苹果一边看电视，妈妈去厨房刷碗。突然文文站在门口说：“妈妈，我有件事情，可是我又不敢告诉你。”妈妈停下

孩子的手脚受伤后怎么办

孩子受伤后，教他用创可贴止血。

孩子受伤后，教他用创可贴止血。

包扎后不能止血时，告诉孩子用指压法止血，马上去医院。

来问："什么事啊？"文文说："妈妈你不要骂我，我刚扎伤了手。"妈妈拿过孩子的手一看，原来孩子已经自己贴上创可贴了。妈妈看了非常欣慰。

很多孩子一看到血，就会以为自己伤得很严重，孩子会表现出焦虑和恐惧。家长应该告诉孩子，看到血流出来以后，要保持沉着冷静，先把伤口放在水龙头下冲洗，用布擦干，再用创可贴或止血胶布直接包扎在伤口上止血。

用白色棉布或纱布紧急止血

并不是每个孩子身边都会有现成的创可贴或止血胶布，家长就要告诉孩子，如果找不到创可贴，也可以用干净的白色棉布或纱布来代替。就算是小伤，家长也一定要教孩子学会自己止血。不要等到父母或者医护人员赶来，孩子已经白白流了很多血。

包扎后不能止血时，用指压法止血，赶紧去医院

如果孩子把伤口包裹住，仍然不能止血，除了给父母或120打电话外，还应该教孩子用指压法止血。如果孩子的手指出血，就用一只手用力压住受伤手指的两侧；如果是手肘出血，就用一只手的四指，用力压住受伤手臂上臂内侧隆起的肌肉来止血。如果仍然出血不止，就说明没有压住血管，应让孩子调整手指的位置，再做一次。

当孩子的脚、小腿受伤出血时，告诉孩子马上仰面躺下，把脚部垫高，再请他人帮忙，按住股沟、腰部、阴部间的血管，即可止血。

手脚扭伤、摔伤、跌打损伤后，不能乱动四肢

一天，男孩嘟嘟站到沙发上蹦来蹦去。沙发松软又有弹力，蹦了几下嘟嘟就晕了。突然，嘟嘟的左脚一下子被扭伤了，疼得他龇牙咧嘴，一边哭一边揉自己受伤的脚。嘟嘟不敢给妈妈打电话，害怕遭到训斥。等妈妈回来时，嘟嘟的脚肿得像个大面包。

孩子的四肢受伤后，不能随便扭动。很多家长四肢扭伤了，会使劲转动或者按摩受伤的部位。这样不但不能减轻病情，反而会使伤情加重。家长要告诉孩子，如果受伤的是手臂，则把手臂放在与心脏水平的位置上；如果是下肢，则把下肢

抬到膝盖水平以上的位置。保持这种姿势，可以保证受伤部位血流畅通，减少肌肉进一步损伤。

安全教育一点通

孩子们摔伤之后，家长通常会找块热毛巾敷在孩子的受伤部位。这种做法对孩子伤口的愈合非常不利，会加重出血和肿胀，使伤口愈合缓慢。父母要教孩子，马上用冷毛巾或者冰块敷在扭伤、摔伤处，然后等父母或救护人员来，再进行下一步处理。

细节 40

孩子的头磕破了怎么办

孩子游泳、踢球、跳高、跑步、爬楼梯以及和同学们打闹时，都有可能把头部磕破。头是人身体的总司令。如果头部受伤了，孩子的整个身体都会不好受。让孩子学会相应的应急自救处理，可以有效地防止孩子进一步受到伤害。

孩子的脑袋看上去又大又沉，走起路来不太稳当。孩子们天性活泼，连走路也蹦蹦跳跳，所以更容易摔跟头。孩子跌倒的时候，首当其冲摔倒的是那颗大脑袋。那些好动的孩子，经常是脑门上又青又肿，有的还会磕破了头皮。

青青今年八岁了，五岁的乐乐是她的小表弟。周末的时候，乐乐会被妈妈带到青青家里来，他们两个总是玩儿得很开心。有一次，大人们要出去买菜，嘱咐青青在家里陪弟弟玩儿。青青和乐乐把床当成了蹦蹦床，高兴地又蹦又跳，忽然，乐乐一脚踩空，只听咕咚一声，乐乐的脑袋重重地摔到了地板上。青青赶紧跳下去，把乐乐拉了起来，只见他的后脑勺肿起了一个大包。青青想替他揉一揉，谁知道被她一揉，乐乐哭得更厉害了。青青不知道该怎么办，她也跟着弟弟一起大哭起来。

小孩子摔倒是常有的事，家长们最担心的是孩子会撞伤了头。不论孩子是从床上、沙发上滚落，还是跑动时摔倒，或是从高处倒栽葱落下，都有可能造成头部的伤害。孩子一般性的跌倒，额头会碰得青肿，或是脑袋上被摔出一个包。如果孩子跑动的速度过快，就会使脑袋受到严重的撞击，就有可能磕破头皮，还有可能摔成脑震荡。这时候，就要十分注意了。简单地教孩子一些头部外伤的处理方法，让他在紧急时刻学会自救，是很有必要的。

孩子的头磕破了怎么办

头上起了包，不能用手揉，最好用冰块敷一下。

如果头皮擦破了，要先止血，后消毒。

孩子头上磕出了大口子，马上带他去医院。

安全教育大课堂

头上起了包，不能用手揉

孩子摔伤了头时，被撞的部分常常会肿起一个包，或者是变得青一块紫一块。这时候不要害怕哭泣，肿包是外伤导致的皮下出血，可能会很疼，但是一般不会有太大危险。有的孩子发现头上起了包，会马上伸出手去揉。记住，发生水肿时，千万不能用手揉，因为揉搓不但不利于破裂的血管凝固，还会加重血肿的情况。想要消肿，最好的办法是冰敷。找一块冷水浸过的毛巾，在瘀伤的部位敷20分钟，就能帮助你缓解疼痛，减轻肿胀。

头皮擦破了，要先止血，后消毒

如果摔倒后头皮擦破了，要赶紧止血，然后再处理伤口。找一块消毒纱布，压在伤口上，如果情况紧急，也可以用干净的衣服来代替。轻轻压住伤口，一直到停止流血后再拿开。为了预防感染，止血后，要马上清洁伤口。先用双氧水认真冲洗，然后用棉签蘸上碘酒，在伤口处从里向外仔细消毒。

磕出了大口子，必须去医院

有时候因为剧烈活动，脑袋摔得很厉害，头上磕出了很大的口子，流血不止。这时候不要过分紧张，先想办法止血，然后马上去医院。伤口过大的话，仅仅靠自己包扎一下是不行的，还需要到医院缝合伤口，打破伤风针。有时候伤口不大，但是受伤的部位沾了脏的东西，也需要去医院处理。

安全教育一点通

孩子把头磕破后，父母最好带着孩子到医院打破伤风针。在随后的几天里，应该对孩子多加观察。注意孩子脸色的变化，看是不是正常。如果孩子常常发呆，脸色不好，不愿意吃饭，恶心呕吐，没有力气，父母要马上带孩子去医院的脑外科就诊。

细节 41

孩子鼻子出血了怎么办

天热了、冷了、干了等都会很容易引起孩子鼻子出血。如果孩子喜欢用手抠鼻孔也会导致鼻子出血。还有的孩子挑食、偏食、见到青菜就摇头，也可能会由于维生素的缺乏而导致鼻出血。孩子出血的情况很常见，父母应该让他们学会自己止血。

鼻子是人体呼吸道的一道大门，可以过滤掉空气中的灰尘和微生物。鼻子还是重要的嗅觉器官，鼻腔内的嗅觉细胞非常灵敏，能够辨别几千种气味。鼻子虽然很重要，但小孩子活泼好动，碰破鼻子的事情时有发生。这时，你就要教孩子学会给鼻子止血。

宁宁和小朋友玩捉迷藏时，突然被台阶绊倒了。宁宁站起来时，满脸是泥，鲜血不断地从鼻孔里涌出来。孩子们用了很多土办法帮宁宁止血。有的让他压块小石头在耳朵上，有人让他把头仰起来，说是血可以流进嘴里，这叫“肥水不流外人田”。宁宁自己也慌了神，不管用哪种方法，血都没有止住。这时，妈妈及时赶来，带着孩子去了卫生所，才算把血止住。

儿童鼻出血是很常见的症状。儿童的鼻黏膜非常娇嫩，鼻内的血管壁也很薄，稍微碰一下，就有可能造成血管破裂，引起出血。如果遇到气候干燥，或是赶上孩子那几天上火，擤一下鼻涕或者挖一下鼻孔，都会让鼻子血流不止。但是，很多孩子不知道如何止血。一看见血流如注，就慌了神。作为父母，你应该让孩子学会给鼻子止血哟！

安全教育大课堂

鼻子出血不要慌，捏紧鼻孔十分钟

对孩子说：“如果你不小心碰了一下，发现鼻子出血了，不要慌张，你完全

孩子鼻子出血了怎么办

告诉孩子，鼻子出血不要慌，捏紧鼻孔10分钟。

如果鼻子仍然出血，可以指导他用药棉塞紧鼻孔。

如果还是血流不止，应立刻带孩子快去医院。

可以自己处理好。”步骤是：先坐下来，放松身体，把头稍稍向前倾斜。用拇指和食指紧紧捏住鼻子，改为用嘴呼吸，这样使两个鼻孔封闭 10 分钟，一般就会止住鼻出血了。

如果鼻子仍然出血不止，可以用药棉塞紧鼻孔

如果用手指捏压鼻子之后，仍然出血的话，马上找一团脱脂药棉，卷成和鼻孔一样粗细的细条，塞进鼻孔里。松松地塞进去效果不好，要用点力气，把鼻孔塞得满满的，才能够达到止血的目的。

用冰块或毛巾冷敷，也可以减少出血

鼻子里塞上棉球后，如果还是感觉咽部有血向下流，就说明鼻血没有止住，这时候，可以采取冷敷的办法来止血。拿一个冰袋过来，敷在前额的鼻根部位，或者敷在脖子后面，这样用低温促使血管收缩，也会帮助止血。没有冰袋的话，可以找一块凉水浸湿的冷毛巾来代替。

如果还是血流不止，应立刻带孩子去医院

如果上面的方法都试过了，还是血流不止，那就要赶紧去医院了。要知道，引起鼻出血的原因还有很多，像鼻炎、急性感染和血液病，都可以引发鼻出血，所以，一定要仔细查明出血原因，才能够更好地治疗。

安全教育一点通

孩子的鼻子偶尔出血，可能是气候干燥，也可能是外力所致，这倒没什么，止血就可以。可是，如果孩子的鼻子反复出血，并且一出血很难止住，这一定要引起父母的注意。这可能是某些急性感染疾病甚至是血液疾病的前兆。所以，父母要带孩子去医院做个全面的检查。

细节 42

怎样教孩子预防中暑

吴女士说：“我的孩子六周岁半了。今天比较热，中午回家后孩子直喊头疼，吃什么吐什么。中午和晚上一点东西也没有吃下去。我心疼得不行，难道是中暑了么？如何让孩子预防中暑呢，中暑了怎么办啊？”吴女士焦急地上网发帖询问，得到了很多妈妈的回应……

贪玩是孩子的天性。冬日里还好说，跑跑跳跳能够产生热量，盛夏就麻烦了，上面太阳晒下面热气蒸，孩子超强度活动，很容易就会中暑。

米米是个 6 岁的小女孩，但性格就像是个假小子。幼儿园的老师根本看不住她，动不动就往外跑。很多小朋友都坐在大树下乘凉，可米米却跑得满脸是汗，衣服都湿透了。到中午吃饭的时候，老师发现米米像根蔫黄瓜。老师摸摸她的头，很烫，再捏捏她的手，却感觉凉凉的。老师意识到，米米是中暑了。

老师急忙用湿毛巾替她擦拭身体降温，又递给她一杯淡盐水让她小口喝。过了一个多小时，米米的脸色渐渐恢复了正常，又跑去和小朋友玩了。不过，她不再到烈日下乱跑了，因为老师告诉她，夏天要注意防暑。

幸亏老师有经验，判断出米米的症状是中暑前期的表现，并且采取了急救措施，米米才不至于又吐又泄，很快恢复了正常。如果遇到一位粗心的老师，任由米米的暑症发展下去，那后果真的是不堪设想！

安全教育大课堂

告诉孩子夏天活动要适度，过量活动易中暑

夏季是闷热潮湿的季节，人体散热很困难，儿童相对于成年人来说，新陈代谢更快，加上儿童体质的问题，盛夏防暑更为必要。做父母的一定要告诉孩子，夏天的活动不能过量，要避免在烈日暴晒时活动，免得出太多的汗造成脱水。活

怎样教孩子预防中暑

告诉孩子，夏天活动要适度，过量活动易中暑。

水是“宝”，夏天要让孩子多喝水。

活动量过大时，可以教孩子用药品防暑。

动一段时间以后，要在凉爽处休息。不能因为一时玩得高兴，造成过度疲劳，过度疲劳会使儿童抵抗力下降，也容易中暑。

水是“宝”，夏天要孩子多喝水

告诉孩子，在夏天，口不渴也要喝点水。因为，口渴时你的身体已经处于非常缺水的状态。一定要孩子记得，喝水不能太急，要小口慢喝，尤其是在运动后。即使是很热，最好还是喝点温开水，不要喝太凉的水和饮料，喝的水越凉反倒越容易中暑，因为孩子的肠胃突然变凉，身体器官不能适应，从而会影响整个消化系统和全身的各个系统的正常运行。

活动量过大时，可以教孩子用药品防暑

告诉孩子，进行长时间的户外活动时，要带一些防暑药品。常用的防暑药品有仁丹、十滴水、藿香正气水、清凉油、风油精、避瘟散等。

要掌握这些药品的使用方法，更要懂得这些药的禁忌。风油精可以涂在太阳穴、人中穴等清爽身心，但是在出汗时使用的话，很可能会过敏；藿香正气水可以在中暑前期使用，可是对一些有诸如肾病、高血压等病症的人来说，使用前一定要询问医生；十滴水是治疗中暑的药品，对预防不起作用。

安全教育一点通

夏天，往往会因为天气炎热，孩子睡眠不好，休息不佳，从而影响食欲。因此，要告诉孩子不能挑食，既要吃一些补充蛋白质的鱼、蛋、奶等，还要吃一些新鲜蔬果，如西红柿、黄瓜、苦瓜、桃子等。身体的营养均衡了，也能很好地预防中暑。

第 12 章

教孩子走失后也能找到父母的安全策略

细节 43

家庭信息，教孩子要早早记牢

俗话说："细节决定成败。"教育孩子记住家庭信息，虽然是一个很小的教育点，但是，它却深深地影响着家庭教育的效果。如果孩子长到七八岁时，还不知道父母的名字，不知道家庭住址，就太不应该了。家教无小事，细节贵如金。教育孩子一定要注重细节的教育。

孩子慢慢懂事，妈妈应该有意识地让孩子记住家庭信息。因为，很多走失的孩子因为说不出家庭信息，被送到了福利院或收容所。而有时，可能因为孩子的一无所知，造成他一生都找不到亲生父母的悲剧。

陈先生带着7岁的儿子去串亲。刚下火车，陈先生发现儿子不见了。他急得满头大汗，马上请当地的亲戚帮忙寻找。直到两个月以后，在民警的帮助下，陈先生才在福利院找到了失散的儿子。原来，男孩与爸爸失散后，遇到了民警。但是，男孩不知道家在哪儿，也不知道父母的名字和电话。民警只好把他送到了郊区的福利院。

假如，你的孩子被坏人领走，被卖到偏远的山区，他不记得父母的名字和电话，也不知道家在哪儿，就算有回到父母身边的机会，也不可能找到父母。有些孩子快十岁了，仍然记不清家里的电话，不知道父母的名字。因此，家长一定要让孩子记住最基本的家庭信息。这样，孩子迷路、走失、被坏人拐卖后，才能尽快地回到父母身边。

安全教育大课堂

教孩子记住父母的名字

在孩子不会说话的时候，妈妈最重要的任务是教会孩子说"爸爸""妈妈"。等孩子说话不成问题时，妈妈就应该反复告诉孩子他的名字和父母的名字，然后

家庭信息，教孩子要早早记牢

教孩子记住父母的名字。

让孩子记住父母的手机号码。

教孩子记住自己的家庭住址。

经常问孩子："宝贝，你叫什么名字啊？""你爸爸叫什么名字？你妈妈叫什么名字？""你是谁家的孩子啊？"通过反复询问，让孩子牢牢地记住父母的名字。

让孩子记住父母的手机号码

让孩子记住爸爸妈妈的手机号码，是至关重要的一件事。假如孩子被坏人拐走、迷路或走失，只要他牢牢记着父母的电话，就能够顺利地回到父母身边。平时，多和孩子玩打电话的游戏，由妈妈把手机号码念出来，让孩子在玩具电话机上重复拨打。当然，妈妈也一定要让孩子亲自给父母打电话。当手机接通时，孩子对父母手机号码的记忆，将更加深刻。

教孩子记住自己的家庭住址

让孩子记住了父母的名字和手机号码后，接下来要教他记住家庭地址。对孩子说："我们家住在 ××市 ××街道 ××小区 ××号楼 ××单元 ×××室。"等孩子能连贯地说出家庭地址时，要经常向孩子提问："宝贝，告诉妈妈，你家住在哪里啊？"要耐心地教导孩子，直到孩子能背出家庭地址。

让孩子记住爸爸妈妈的工作单位名称

有些父母认为，没有必要让孩子记住自己的工作单位。因为他们觉得，让孩子知道得太多，反而会很麻烦。错！假如父母的手机无法接通时，民警可以通过工作单位与家长们取得联系。

当然，还应该让孩子记住其他亲人的名字。比如姑姑、小姨、伯伯、叔叔等人的名字。这些人名可以成为孩子走失、被拐、被卖后的救命信息。

安全教育一点通

家长要多和孩子进行亲子交流，让他们懂得更多的道理。经常对你的孩子说："乖宝贝，不能把爸爸妈妈的名字、电话号码和工作单位名称随便告诉别人。除非有一天，你找不到爸爸妈妈，也找不到家了，只可以告诉警察叔叔。"

细节 44

告诉孩子，一旦和家人走散该怎么做

有的孩子找不到父母时，便吓得哇哇大哭。有的孩子逢人就问，有没有见到自己的妈妈。还有的孩子四处寻找妈妈，最后越走越远，以至于迷路。其实，这些孩子的慌乱行为，不但不能找到妈妈，反而更容易引起坏人的注意，从而引发拐卖儿童事件的发生。

孩子是父母的掌上宝贝，可是有些父母太大意了，带着孩子出门购物或者游玩，竟然把孩子弄丢了。每每发生这样的事情，父母们就会痛心疾首、捶胸顿足，刚刚孩子还在身边，只是一会儿没注意，孩子就不见了。

张女士带着7岁的儿子去逛庙会。庙会上人头攒动，人来人往。走到一家店铺前，张女士放开儿子的小手，摸了摸店铺门前的真丝长裙。当张女士放开长裙，转过身发现儿子不见了。随后，张女士打电话向110报警。一个多月过去了，儿子仍然杳无音讯。张女士捧着儿子的照片逢人就问，希望找到失散的孩子。

孩子还那么小，离开了父母吃什么？喝什么？晚上在哪里睡觉？冷了怎么办？如果孩子找不到家人，被人贩子骗走怎么办？父母们每每想到这里，就不敢再往下想。所以说，对孩子进行走失教育，非常有必要。

安全教育大课堂

告诉孩子，与家人失散后，不要惊慌哭泣

有的孩子找不到父母时，便吓得哇哇大哭。有的孩子逢人就问，有没有见到自己的妈妈。还有的孩子四处寻找妈妈，最后越走越远，以至于迷路。其实，这都是孩子的慌乱行为，不但不能找到妈妈，反而更容易引起坏人的注意，从而引发拐卖儿童事件的发生。

父母要提前告诉孩子：“找不到爸爸妈妈时，既不能哭，也不能大喊大叫，

告诉孩子，一旦和家人走散该怎么做

告诉孩子，走丢后在原地玩“定身法”。

告诉孩子，找不到爸爸妈妈时，要找工作人员或者警察。

与孩子约好，万一走散了，就在××地方等家长。

更不能逢人就问，不要惊慌乱跑，要坚定信念一定可以找到妈妈。”

告诉孩子，走丢后在原地玩“定身法”

父母发现孩子不见了，通常会顺着走过的路找回去。那么，可以对孩子说：“在哪里找不见妈妈，就站在哪里玩‘定身法’，这样很快就能见到妈妈了。”平时带孩子出门的时候，可以教孩子唱“定身儿歌”：“小鸭子，跟妈妈，商场里面买鞋袜。走丢了，不害怕，站在原地等妈妈。别人走，他不走，好像中了定身法。定身法，不害怕，终于等来好妈妈。”

告诉孩子，找不到爸爸妈妈时，要找工作人员或者警察

张女士带着女儿欢欢去商场。突然，张女士发现欢欢不见了。张女士赶紧在商场里寻找孩子。不一会儿，高音喇叭里传出广播的声音：“张青女士，请马上到一楼服务台，您的女儿在等您！”张女士狂奔到服务台，抱着散失的孩子喜极而泣。原来，孩子一回头发现妈妈不见了，便找到了商场的保安。保安带着欢欢来到服务台，便有了后来服务台找妈妈的一幕。

其实，这多亏了妈妈对孩子的走失教育。孩子牢牢地记着妈妈的话，才顺利地找到了妈妈。告诉孩子，如果在商场和妈妈走失，要去找工作人员；如果在游乐场、公园或者其他场所与父母走失，就要找工作人员或者警察。

安全教育一点通

家长平时带孩子逛商场、游乐场或者在公园玩的时候，要有意识地告诉孩子，穿统一服装的人是工作人员。如果找不到妈妈时，可以请他们帮忙。站在收银台或者服务台内的叔叔阿姨也可以帮自己找到妈妈。

为了防止孩子与家人走散，每次临出门前，家长还可以与孩子约好：万一走散了，就在 ×××地方等妈妈，见不到妈妈千万不要离开。

细节 45

传授“迷路教育”，让孩子平安回家

当孩子在爬山、旅游或者野营时迷路了，没有与外界联系的通信工具，也找不到可以求助的人，孩子该怎么办呢？父母要教孩子学会辨别方向。只有弄清楚了东南西北，孩子才有可能摆脱迷路的困扰，平安地回家。

孩子在很小的时候，总是由家长寸步不离地带在身边，所以不用担心孩子会迷路。当孩子开始自己出门，自己上学放学，参加学校组织的爬山、旅游、野营等活动时，父母们就应该考虑一下，如果孩子迷路了怎么办？

刘先生送7岁的儿子刘明去上学。半路上，刘先生临时有事，便让孩子自己步行去学校。而孩子走了几百米，就迷失了方向。孩子在大街上转悠了很久，然后朝着小树林走去……

到了放学时间，刘先生发现儿子迟迟没有回来，向学校老师核实后才知道，孩子根本没有去学校。刘先生赶紧四处寻找，几个月过去了仍然没有儿子的下落。

很多父母都不能相信，孩子在上学放学的路上也会迷路。其实这样的事情在全国各地都时有发生。孩子迷路以后，见不到亲人也回不了家，只能在外面受冻挨饿。如果遇到人贩子，孩子的命运将从此改写。

安全教育大课堂

教孩子在大街上迷路时，可以找店铺的主人问路

很多孩子之所以会迷路，往往是因为不善于开口向大人问路，总是认为自己所走的路是正确的，结果离家越来越远，回家也就越困难。父母们要经常告诉孩子，如果在大街上迷路了，可以找店铺的主人问路，不管是去某个地方，还是回家，都可以向店铺的主人问路，迷路的难题将会迎刃而解。

传授“迷路教育”，让孩子平安回家

教孩子在大街上迷路时，可以找店铺的主人问路。

迷路时，可以借用叔叔阿姨的电话，打电话求助。

教孩子在野外学会识别方向的知识。

借用叔叔阿姨的手机，打电话求助

孩子独身一人在外，找不到亲人也找不到回家的路时，可以借用年轻的叔叔、阿姨的手机，打电话给父母或者打 110 寻求帮助。有的孩子可能会说：“如果当时我身上没有钱，人家不让我用电话怎么办？”父母就要教孩子说：“我今天出门忘记带钱了，明天让我爸爸把钱给您送过来。”而接下来，则需要父母替孩子履行承诺，不让孩子失信于人。

教孩子在野外学会识别方向的知识

当孩子在爬山、旅游或者野营时迷路了，没有与外界联系的通信工具，也找不到可以求助的人，孩子该怎么办呢？

A、利用太阳辨别方向。我国处在地球的北半边，太阳从东方升起、从西边落下，正午的时候太阳在南方，与之相反的方向是北方。

B、用指针表来辨别方向。先把腕表平放，把时针指向太阳。取时针与 12 点之间取一条中线，我们生活在北半球，这条中线正好指向正南。如果是在南半球则指向正北方。

C、遇到阴雨天时，教孩子通过眼前的树木来辨别方向。树木向阳（朝南）的一面枝叶茂盛，向阴（朝北）的一面枝叶稀疏。

D、当孩子遇到一条小河时，通常顺着小河走，便能够顺利下山。

安全教育一点通

为了以防万一，细心的父母最好在孩子的身上随时装一块布。上面写有孩子的名字，家庭地址和父母的电话，如果可以的话，再画一个简易的地图。这样，就算孩子迷路，走丢，他拿出这块布，寻求帮助就会非常方便。

当孩子外出野营或者旅游时，父母应该让孩子提前查好行进路线，以防半途迷路。

第 13 章

教孩子千万别吃出好歹来的安全策略

细节 46

野外的蘑菇，孩子在哭它在“笑”

我国约有 100 多种毒蘑菇。最常见的致人死亡的毒蘑菇至少有 10 种。据专家介绍，毒蘑菇的毒性非常强，所含毒素非常复杂，至今没有有效的解毒药。人误食以后，潜伏期通常为 2 ～ 11 个小时。中毒表现为脏器损害型的病人，死亡率较高。

夏季到了，雨水开始增多，万物也疯狂地生长。也许一夜之间，小树林里就会长一大片野蘑菇。于是，孩子们便兴奋地采摘野生的蘑菇，希望能喝到一盆鲜美的蘑菇汤……但这时候，父母一定要让孩子提防，这些自然界中的美丽“诱惑”，可能正暗藏“杀”机。

2010 年 7 月中旬，重庆市连降大雨，雨后树林里长出了很多野蘑菇。7 月 17 号这天，14 岁的男孩李某从小树林里采了一盘野蘑菇拿回家，让奶奶给全家人熬汤喝。结果，男孩的三胞胎弟妹、外公外婆全部中毒，被送进医院抢救。

野生蘑菇好看，又诱人，很多人被它的外表所迷惑，贪图它的美味，结果身中剧毒。即使能幸运地捡回一条命，也会花去高额的医药费。

安全教育大课堂

为了防止野蘑菇中毒，最好让孩子不吃！

野蘑菇不光是长在野外，我们小区的花园里、草地上，路边的大树下和墙角里，也会长出各种各样的蘑菇来。野蘑菇离孩子这么近，该怎样抵抗它的诱惑呢？

告诉孩子，野蘑菇的生长环境十分复杂，有些蘑菇品种本来是无毒的，如果它和毒蘑菇长在一起，也有可能变成有毒的，所以说，所有品种的野蘑菇都不是绝对安全的。要想保证安全，就不要随便采摘野蘑菇，不管它有毒没毒，我们坚决不去吃它。

野外的蘑菇，孩子在哭它在“笑”

为了防止野蘑菇中毒，最好让孩子不吃！

告诉孩子，野蘑菇会对人体有哪些危害。

误食毒蘑菇后，教孩子如何急救。

如果孩子闹着想吃蘑菇，妈妈可以带他去市场上买。指给孩子看，哪些是香菇、白灵菇，哪些是口蘑、鸡腿菌等，让孩子知道，市场上卖的这些蘑菇品种，才是又好吃又安全的菌类食物。

告诉孩子，野蘑菇会对人体造成哪些危害。

电视上经常宣传“绿色食品好”，孩子们认为，野生蘑菇也是绿色食品，吃了对身体肯定有好处。这种想法是错误的，因为如果吃到有毒的蘑菇，很容易会使人中毒。毒蘑菇的毒素会侵害我们的肠胃、神经和血液。中毒后的儿童，开始的时候会感觉恶心、头晕，随后发生呕吐，腹泻不止。如果毒素侵害到神经系统，孩子就会出现精神错乱的状况。如果中毒更严重的话，还会导致昏厥和死亡。所以说，野蘑菇不是“放心食品”，绝对不能随便乱吃！

误食毒蘑菇后，教孩子如何急救？

孩子一旦发现自己食用了毒蘑菇，或者感到身体不舒服时，应该马上饮用大量的温开水或者稀释盐水。然后让孩子把筷子或者干净的鸡毛放在嘴里刺激咽部，促使人呕吐。反复催吐的结果，最终把胃里的有毒食物全部吐出来。但是，如果吐不出来怎么办，告诉孩子应该马上到医院就医。当然，孩子把食物全部吐出来，也应该马上就医，以便得到进一步的治疗。

安全教育一点通

野外的蘑菇不能吃。那么，院子里和房子周围长出来的蘑菇能吃吗？你要告诉孩子，不能吃。发现这样的蘑菇后，家长要及早除掉，免得孩子误食。让孩子一定做到不采、不买、不卖、不食野生蘑菇，以防中毒。

民间有一种鉴别蘑菇是否有毒的方法，就是将蘑菇与大蒜、银器同煮，然后看是否有颜色变化。父母应该让孩子知道，这种鉴别的方法并不可科学。

细节 47

过期、变质的食物不能让孩子吃

有的妈妈很注意节约，剩饭剩菜放到冰箱里，第二天热一热继续吃。但妈妈却不知道，隔夜的饭菜会产生大量的亚硝酸盐，孩子吃了它不但会闹痢疾、拉肚子，还会诱发肠癌和胃癌。为了节省一碗剩饭，到头来让孩子生一场病，妈妈们觉得这样值吗？

孩子们从小受到的教育是“谁知盘中餐，粒粒皆辛苦”。正是这种思想，让孩子们面对剩菜剩饭的时候，会毫不犹豫地吃掉。即使是发了毛、变了味的食物，只要有人给他们吃，他们也绝不会说半个“不”字。

2010 年 5 月 21 日，河南省安阳县某中学的宋同学，像往常一样到食堂里吃早饭。当孩子把馒头拿在手里时，发现馒头上长了毛，而且散发着一种难闻的味道。但宋同学没有多想什么，只是把长毛的皮撕掉，然后就着一盘剩菜吃了下去。结果一个多小时以后，该校在食堂吃过早饭的 53 名学生，均不同程度地表现出肚子疼、干呕、恶心等症状。

发生这样的事情，学校有不可推卸的责任。但是，孩子中毒了，最伤心难过的人肯定是父母。所以你不要指望把所有的安全教育工作都推给学校和老师。为了孩子的身体健康和生命安全，父母应该懂得相应的食品安全卫生常识。

安全教育大课堂

剩饭剩菜不能吃

有的妈妈很注意节约，剩饭剩菜放到冰箱里，第二天热一热继续吃。但妈妈却不知道，隔夜的饭菜会产生大量的亚硝酸盐，孩子吃了它不但会闹痢疾、拉肚子，还会诱发肠癌和胃癌。为了节省一碗剩饭，到头来让孩子生一场病，妈妈们觉得这样值吗？

过期、变质的食物不能让孩子吃

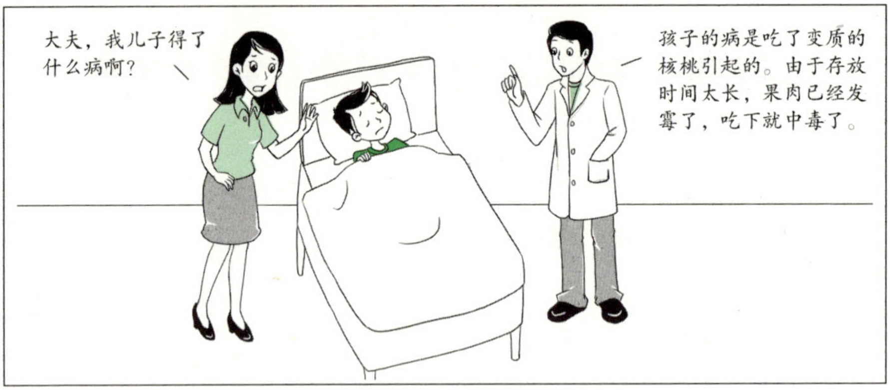

让孩子知道，存放时间太久的食品不能随便吃。

告诉孩子，买零食要看生产日期和保质期。

让孩子明白，冰箱里的食品不一定就是安全的。

让孩子知道，存放时间太长的食品不能随便吃

王先生去山区旅游，带回来一大袋子核桃。于是，王先生便让 10 岁的儿子每天吃两个。结果，王先生的儿子吃了一年也没有吃完。第二年夏天，王先生的儿子接着吃核桃，刚吃了几天，就出现了头痛、恶心的症状。王先生带着儿子去医院就诊。医生说："孩子的病因为变质的核桃。因为核桃存放时间太长，核桃的果肉已经发霉。孩子吃下以后，就会出现中毒的症状。"

有的食品放久了，表面上看不出什么，吃的时候味道也没有变，可实际上它的成分已经发生了变化。比如家里的大米、花生、栗子、核桃，都是孩子们最爱吃的，可是这类东西放得久了，就会产生一种黄曲霉素，它对人的危害特别大，好多肝炎和癌症，都是因为吃了发霉的米、面引发的。所以，发现有发霉迹象的食品，千万不要试着去吃。

买零食要看生产日期和保质期

孩子们喜欢买零食吃，却从来不关心食品是否过了保质期。你应该教会孩子查看食品的生产日期和保质期。比如盒装的罐头，生产日期通常在罐头的底部，保质期印在瓶身上；瓶装的饮料，生产日期和保质期会印在瓶口或者瓶身上；袋装的食品，生产日期通常在封口处。

每次带孩子去超市购物时，应该做示范给孩子看，让他们学会查看生产日期和保质期。并且告诉他，过了保质期的食物不能购买，更不能食用。

安全教育一点通

告诉孩子，冰箱里的食品不一定就是安全的。食品冷藏后，微生物也能繁殖，时间长了，照样变质。所以，从冰箱里取出的食物，要加热后再吃，不要贪图省事直接吃。雪糕也有保质期，告诉孩子，如果发现雪糕变形、变味，千万不要吃它。

细节 48

让孩子明白，哪些食物不能生吃

熟食都是经过高温杀菌的，从这方面来说，生的食物绝对不能吃。更要注意的是，有些食物本身含有毒素，高温的过程可以帮助消除毒素，这样孩子吃起来才更安全。

不知道从什么时候开始，生吃食物成为了一种时尚。许多妈妈认为，烹煮会使食物的营养流失。但是，有的食物生吃的话，营养又可口，有的食物，却不可以生吃。

家住湖北省黄石港的温先生突然喜欢上了吃生鱼片，10 岁的儿子也跟着温先生一起吃了几顿。几天以后，温先生和儿子常常感到身体疲倦无力，四肢麻木，并且伴有腹泻和便秘的症状。当天，温先生和儿子一起到医院检查。医生说，他们得的是鱼絛病。令温先生没想到的是，吃生鱼片也会生病。

孩子生吃食物到底好不好？有些食物，生吃的话不利于营养吸收；有的食物，生吃对孩子的肠胃不好，会引起腹胀、腹泻等症状。

安全教育大课堂

茄子、花菜、洋山芋、鲜藕和竹笋最好不要生吃

每一位妈妈都想让孩子多吃蔬菜，可有些蔬菜是不能生吃的。茄子、花菜和洋山芋含有尼古丁成分，经常生吃的话，就等于是让孩子被动吸烟，会给孩子的身体造成伤害。

鲜藕和竹笋，又清口又好吃。可是妈妈要告诉孩子，生吃鲜藕会消化不良，它里面含有寄生虫，还会使孩子腹泻或者肚子痛。竹笋如果没有煮熟的话，会引起中毒，使孩子头痛并恶心、呕吐。

让孩子明白，哪些食物不能生吃

要让孩子明白，肉类和鸡蛋，必须吃熟的。

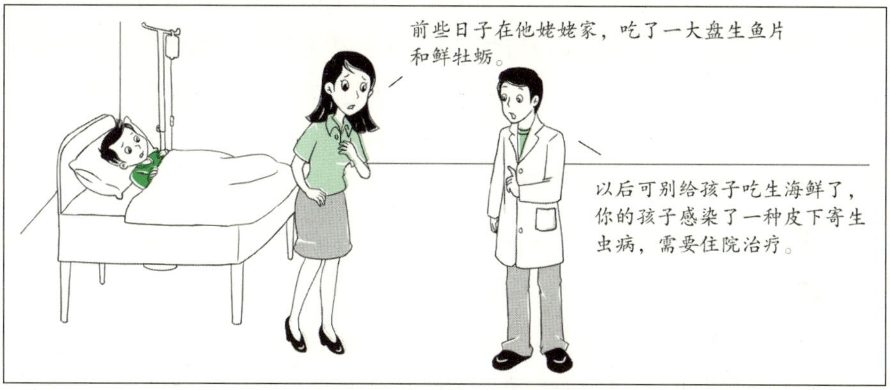

预防寄生虫病，告诉孩子不要生吃海鲜。

告诉孩子，胡萝卜最好不要生吃。

肉类和鸡蛋，必须吃熟的

吃涮羊肉的时候，有些孩子心急，没等羊肉熟透就夹出来吃， 就会把羊肉里的旋毛虫吃进肚子里。有的妈妈让孩子喝生鸡蛋当早餐，孰不知，生鸡蛋里带有致病细菌和寄生虫卵，天天吃这个，孩子会得腹泻，感染上寄生虫病。

预防寄生虫病，告诉孩子不要生吃海鲜

暑假里，妈妈带妮妮回姥姥家。姥姥每天都给她海鲜吃。妮妮最喜欢吃生鱼片和鲜牡蛎，每次都会吃上满满一大盘。有一天，妮妮忽然说身上发痒，妈妈一看，妮妮的身上满是红疙瘩。妈妈带她去了医院，原来，妮妮感染了一种皮下寄生虫。

这种寄生虫生活在海洋生物体内。如果海鲜类食物没有煮熟的话，幼虫就会进入人体，到处游动。如果幼虫侵入脑组织，则可引起癫痫；若幼虫侵入人体内脏，则可损伤各器官，并引发出血和组织坏死、甚至死亡。因此，要想让孩子预防寄生虫病，最好的方法就是让孩子不生吃海鲜，不吃未煮熟的鱼、肉。

告诉孩子，胡萝卜最好不要生吃

胡萝卜一直是我们餐桌上的常客，每个小朋友都知道它富含胡萝卜素，吃了对身体好。可是，胡萝卜素只有在用油烹炒的时候，才能转变成可吸收的维生素A，如果你每天啃的是生胡萝卜，那等于是白白浪费。

所以说，食物生吃不一定有营养，有时还会妨害到孩子的健康，很多情况下，把食物稍微烹制一下，会对孩子的身体更有好处。

安全教育一点通

有些妈妈喜欢用开水冲鸡蛋给孩子喝。却不知道，这种方法不能完全杀死鸡蛋中的病菌和寄生虫卵，孩子喝了容易生病。有些妈妈，把白菜、芹菜用开水烫一下，就凉拌给孩子吃。却不知道，蔬菜没有熟透，内部的毒素就会侵入孩子的身体。

第 14 章

教孩子保护身体免受伤害的安全策略

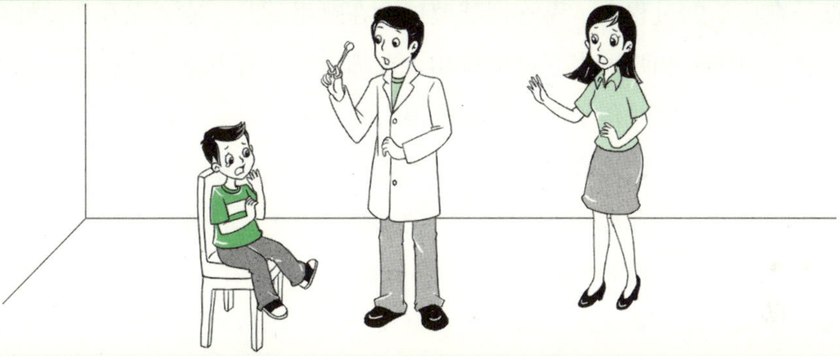

细节 49

如何预防孩子把小物件放入口中

妈妈要教育孩子，不要把小物品放入口中。因为如果孩子把尖锐或不规则的物体吞下去，极有可能损伤食管和胃黏膜，严重危害身体健康。如果孩子口中的异物被吸入支气管，危险性更大，不及时取出的话，还会危及生命。

孩子在成长的过程中，喜欢把玻璃球含在嘴里玩儿，或者在和布娃娃玩儿的时候，会一口将纽扣咬下来，并把纽扣含在嘴里，稍有不慎，就会误吞下去，或者卡在气管里，这会对孩子的健康造成很大的伤害。

天天今年 5 岁了，他有一个习惯，总喜欢把手上的东西随手放进口中。妈妈每次都会批评他，可天天总也改不掉这个毛病。有一次，天天在画画，他把彩笔帽儿摘下来，随手放到了嘴里。这时，妈妈推门进来，看到天天往嘴里乱塞东西，马上大声喝止，天天猛然间受到惊吓，倒吸一口气，结果把笔帽吸进了气管里！看到天天脸憋得通红，咳嗽不止，妈妈吓坏了，马上带孩子去医院。经过抢救，孩子气管里的笔帽才终于被取出来。

想想看，如果异物再被天天吸得更深一点，很可能会导致窒息。如果天天吸进去的不是笔帽，而且尖尖的钉子，后果将不堪设想。类似的事件不断地在我们身边发生：有的孩子吞了小贝壳儿，有的孩子吞了扣子……

安全教育大课堂

别让孩子拿小物件玩耍

当看到孩子手里拿着小物件玩耍时，你一定不要大呼小叫，而应该心平气和地问孩子："宝贝，你手上拿的是什么？给妈妈看看好吗？"当孩子交出"危险物品"时，父母可以把小物件举在孩子面前，对他说："宝贝，你现在还小，拿

如何预防孩子把小物件放入口中

别让孩子拿小物件玩耍。

告诉孩子，不小心吞下异物，必须马上求救。

哭闹只会加重疼痛，孩子应该配合医生抢救。

着这个东西玩太危险了，如果你无意间放到嘴巴里，很容易吞到肚子里。宝贝想想，到时你痛苦不痛苦？”

假如孩子眨眨眼睛问你：“痛苦又怎么样？”你就要对他说：“那样爸爸妈妈会很难过，会带着宝贝去医院里，打针吃药还要输液。如果打针吃药不管用，还得在宝贝肚子上划个大口子，进行开刀手术。”

告诉孩子，不小心吞下异物，必须马上求救

小孩子平时不听大人的告诫，等到出了事儿才开始害怕。比如有的孩子吞下了异物，却因为害怕大人的责骂而隐瞒不说，有的还因此贻误了抢救的最佳时机。我们平时看到孩子往嘴里乱塞东西的时候，不要一味地大声教训，记得要告诉他：“万一不小心吞了下去，立刻告诉爸爸妈妈，如果身边没有人，不要慌，可以向邻居求救，或者拨打急救电话。”

哭闹只会加重疼痛，孩子应该配合医生抢救

一旦气管被呛住或者食道被卡住，孩子都会有剧烈的身体反应，比如憋气、咳嗽，很多小孩会因为精神恐惧而大声哭闹，又蹬又踹，让医生没法近身。我们要这样跟孩子说：“哭闹只会让身体越来越难受。如果你安静下来按医生的话做，很快就会好了。”

安全教育一点通

父母给孩子买玩具或用具时，要注意那些小装饰，小零碎。要检查是不是结实，会不会被孩子拽下来。家里的小东西，要摆放到孩子拿不到的地方。孩子，尤其是年龄小的孩子，他把小东西放到口中有时是无意中的行为，父母不要给他创造这个条件。

细节 50

如何保护好孩子的眼睛

近年来，儿童近视眼的发病几率越来越高。由于不注意用眼卫生，长时间看电脑、看电视、走路看书造成了孩子眼部长时间疲劳，而诱发各种疾病。假如孩子阅读时的照明光线不充足，阅读写字连续 40 分钟眼部得不到休息，都将造成孩子的眼睛受伤。

人体所接受的信息中，85% 的信息依靠眼睛，因此说眼睛是心灵的窗户，一点也不为过。但是，人类的眼睛一直要等到 10 岁以后，才能发育完善。孩子的眼角膜非常脆弱，更加需要精心细致地呵护。

正在上二年级的小娟，是个非常听话的孩子。她写作业的时候，总是坐得直直的，小脑袋抬得高高的，很注意姿势。因为平时注意保护，所以小娟的眼睛一直很健康，看上去又黑又亮，谁见了都夸她有一双漂亮的眼睛。

暑假，小娟在楼下玩堆沙堡，忽然被沙子迷了眼睛。小娟立刻用手去揉，没想到越揉越疼。小娟捂着眼睛跑回家。妈妈见状，把小娟的眼皮翻开，用清水反复冲洗，沙粒没有出来，小娟的眼睛却越来越红了。妈妈赶紧带小娟去了医院，到眼科一检查，医生说是眼角膜损伤。

幸亏妈妈带孩子及时到医院就诊，否则，很有可能引发角膜感染。让孩子保护好眼睛，可以很好地预防儿童意外伤害。

安全教育大课堂

教孩子学会正确用眼

父母要教孩子学会正确用眼，这将对他们的眼睛起到很好的保护作用。平时看书、写作业时，要保持正确的姿势：身体要坐端正，头要正，不要把眼睛凑到书本上去；躺着或趴着的时候不能看书；坐车和走路的时候也不能看书；灯光太

如何保护好孩子的眼睛

教孩子学会爱护自己的眼睛。

要对孩子说，要想眼睛好，决不能挑食。

让孩子改掉用脏手揉眼睛的习惯。

强或者太暗不能看书。

孩子自制能力差，父母要适时提出建议：不能让孩子长时间看书、玩电脑、看电视。一般孩子在看书半小时后，要休息片刻。孩子看电视时，距离不能太近，至少要保持电视机对角度距离的 6~8 倍。另外，孩子要保持较好的视力，必须要保证充足的睡眠。

要想眼睛好，就不能挑食

眼睛的发育与饮食直接相关，维生素 A 与眼睛的关系密切。如果孩子的身体缺乏维生素 A，轻者会感觉眼睛发干，视力下降，严重的会发生夜盲症。如果维生素 A 严重缺乏，还有可能发生角膜穿孔致盲。所以，小朋友要养成良好的饮食习惯，不挑食，不偏食。多吃一些富含维生素 A 的食物，比如动物肝脏、鸡蛋、牛奶，另外，多吃些胡萝卜、红薯和橘子，也可以预防近视。

让孩子改掉用脏手揉眼睛的习惯

很多孩子喜欢用手去揉眼睛。妈妈要告诉孩子，这样做非常不好。因为人的手上带有很多细菌，揉眼睛时，细菌会进入眼睛，引起眼角膜发炎。脏手还能传染眼病，儿童的沙眼、红眼病就是这样传播的。告诉孩子，如果眼睛发痒，不可以用脏手乱揉，要先把手洗净，再滴几滴眼药水。情况严重时，要告诉妈妈，并且去医院就医。

安全教育一点通

孩子眼睛疲劳的症状有：看东西模糊、有重影、眼睛发红，有刺痛、瘙痒感，眼睛干燥、有酸涩感，注意力不集中、头晕、恶心。眺望远方的景物时，可以起到缓解眼睛疲劳的作用。妈妈们要让孩子在学习时，多站起来看看远方。

细节 51

要告诉孩子，憋尿害处大

孩子如果长时间憋尿，会引发尿道感染，从而出现腰痛、发烧、食欲下降等症状。如果孩子憋尿的情况得不到缓解，会出现反复感染，后果将会更加严重。因此，你一定要叮嘱孩子：“想尿尿的时候，要及时去洗手间，否则身体就会生病，就会很痛苦！”

我们平时都知道，憋尿对身体很不好。有时因为工作忙，或是旅游、开会、逛商场的时候，不方便去厕所，没办法只能忍着，等到可以上厕所的时候，就会感到身体有很多不适，比如尿不尽、尿痛等。这样的事成年人经常遇到，可是父母却不知道，孩子也常常憋尿。

刘女士的女儿今年 9 岁了，前段时间因为长期憋尿而生病住院。原来，刘女士的女儿平时看电视时一坐就是半天，中途不喝水，也不去厕所。晚上在被窝里，想尿尿的时候，却又懒懒地不愿意下床。后来，孩子感觉到尿尿时会疼痛，便更加不愿意尿尿，有尿使劲憋着，憋不住的时候就尿在裤子里。长时间下来，刘女士女儿的尿道发生感染，出现了排尿困难、尿失禁的症状。

很多父母认为孩子憋不住的时候，自己就去尿了。其实并不是这么回事。如果孩子憋尿严重时，尿液中的病菌会沿着输尿管向上蔓延至肾脏，从而引发肾炎、膀胱炎等症状。家长要多观察孩子，也好及早做出正确引导，让孩子改掉憋尿的习惯。

安全教育大课堂

告诉孩子，玩耍不能太入迷，要及时去厕所

有的小孩玩游戏入了迷，被尿憋得坐都坐不住了，小屁股一扭一扭的，也不舍得离开电脑。研究发现，尿液在幼儿的膀胱内停留时间过长，尿中的有毒物质

要告诉孩子，憋尿害处大

告诉孩子，玩耍不能太入迷，要及时去厕所。

告诉孩子，别只顾贪玩，先去厕所。

睡觉前去一趟厕所，可以安心做个好梦。

会加重肾脏的负担，同时给细菌感染造成了可乘之机，如果这些细菌继续沿尿道向上侵袭，还会破坏整个泌尿系统。所以，如果孩子准备要参加活动，在开始之前一定要先去排尿，等活动结束后，还要及时排尿，这样才有利于身体健康。

告诉孩子，下课后别贪玩，先去厕所

有的孩子下课后贪玩儿，顾不上去厕所。等到上课铃打响了，来不及去厕所，又接着上课。而在上课的过程中，孩子会因此坐立不安，精神紧张，无法集中注意力，甚至造成思维活动紊乱，结果不但没法认真听课，对身体也造成了很大伤害。所以，父母要经常叮嘱孩子下课后先去小便，上完厕所再玩儿。只有这样，孩子才能在课间玩得更开心，上课听得更专心。

睡觉前去一趟厕所，可以安心做个好梦

有的孩子非常嗜睡，明明有很强的尿意，却不肯起床上厕所，往往会憋着尿再睡一觉，这样不但睡不踏实，对泌尿系统也非常不利。所以，要让孩子养成睡觉之前先上厕所的习惯，把膀胱排空，这样才能一觉睡到大天亮。有的孩子晚上喝了很多水，半夜醒来要及时起床排尿，不能因为贪睡而憋尿。告诉我们的孩子，即使天冷也不能赖床，排尿之后孩子们才会睡得更香甜。

憋尿会对孩子的神经功能产生不良影响，从而产生一系列病症。最常见的是由于憋尿引起的尿路感染，这个病不算大，但是很难彻底根除，小孩子只要得过一次，以后稍不注意，就容易反复发病。

安全教育一点通

有些孩子夏天很少去厕所尿尿，可能是由于孩子很少喝水的缘故。妈妈应该让孩子多喝水，多排尿，这样才能防止孩子患肾结石症。由于小便是受中枢神经系统控制的条件反射，幼儿憋尿会表现为坐立不安，精神紧张，注意力不集中等。如果妈妈发现孩子有上述表现，应该马上让孩子去排尿。

细节 52

怎样指导孩子逃离“二手烟”

据专家统计：吸烟父母的孩子患咳嗽、咳痰、支气管炎等呼吸系统疾病的比例要比不吸烟父母的孩子高得多，而且孩子患呼吸系统病症的几率，随父母吸烟量的增加而升高。儿童体内的解毒功能不全，对室内空气污染比较敏感，也就更容易受到伤害。

不少家长认为，只要孩子不吸烟，就可以避免香烟的伤害。但事实并不是这样。当孩子身边的其他人吞云吐雾时，孩子作为“二手烟”的吸烟者，也会深受其害。

家住福州市台江区的宋先生是个麻将迷。他每天晚上都要和朋友打上几圈，有时候一打就是一夜。宋先生的儿子小伟 10 岁了，经常站在边上给宋先生出谋划策，爸爸自以为多了个小帮手，天天美滋滋的。

几个月以后，小伟开始咳嗽，严重的时候竟然喘起来。宋先生带着孩子去医院检查。医生说：“孩子得了哮喘，诱因是吸入了大量的‘二手烟’。如果再继续下去，不但气管受害，肺部也会受伤，还有转为肺癌的可能。”医生的话让小伟的爸爸目瞪口呆。

和小伟的爸爸一样无知的人还有很多。他们认识不到孩子被动吸烟的害处，不知道吸入“二手烟”会对孩子造成什么样的伤害。作为家长，在不让孩子吸入自己的“二手烟”的同时，还应该教会孩子，如何避免吸入他人的“二手烟”。

安全教育大课堂

告诉孩子，要选择“禁止吸烟区”活动

拒绝“二手烟”是孩子的权利，所以，家长在家里先要以身作则，保证不抽烟。家长和孩子可以达成不成文的约定，把家里建设成“无烟区”。孩子可以随时监督家长的行为。当孩子去公共场合时，家长要经常告诉孩子，一定要选择“禁

怎样指导孩子逃离“二手烟”

告诉孩子，最好选择在“禁止吸烟区”活动。

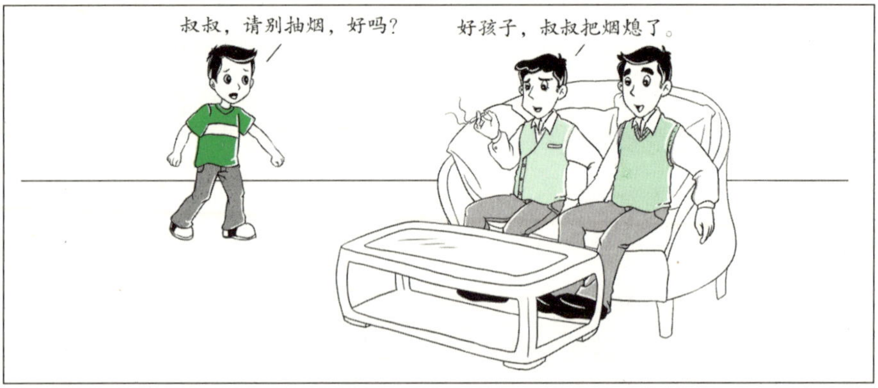

教孩子大胆地说：“叔叔，请别抽烟，好吗？”

要使孩子不抽烟，家长要以身作则。

止吸烟区”活动。餐厅、公园、网吧、会议室、机场等公共场所都是禁止吸烟的。让孩子没有特殊情况时，最好不要进入“吸烟区”。

教孩子大胆地说：“叔叔，请别抽烟，好吗？”

家长要告诉孩子，对身边“二手烟”的侵害要主动防御。在公共场合，或者在自己家里，如果发现有人抽烟，孩子完全可以说：“叔叔，请别抽烟，好吗？”要让抽烟者知道，身边的这个孩子不喜欢让他抽烟，如果继续抽烟，将是对孩子的伤害。

让孩子多吃水果蔬菜，减少“二手烟”伤害

无论防范有多严格，任何人都不可能完全避免“二手烟”的吸入。如何减少已经存在的伤害呢？家长要告诉孩子，多吃新鲜的水果蔬菜，水果里面的维生素对身体有好处。还要告诉孩子，多喝水，多排尿，加速尼古丁等有害物质的排除。运动多一些，出汗多一些，将有利于排泄有害物质。

安全教育一点通

据专家称：吸入二手烟每天达 15 分钟以上者，就属于被动吸烟。为了保护孩子的身体健康，如果父母也抽烟的话，应该马上戒除烟瘾，以便为孩子创造更加舒适的家庭环境和生活空间。

第 15 章

教孩子保持良好心态的安全策略

细节 53

如何让我们的孩子不再"叛逆"

家长要让孩子读一些儿童叛逆指导类的书籍。告诉孩子，叛逆不是他的专利，每个人都曾经历过叛逆期。孩子的心胸慢慢地开阔了，言行改变了，也就不会再那么固执，逆反心理自然就会慢慢减弱，直至消失。

孩子的成长给父母带来了快乐。与此同时，父母们也体会到了因孩子成长而产生的烦恼。因为父母们发现，孩子越来越不听话了，越来越任性。有些父母可能认为，孩子还小，还不懂事，等再大一些就好了。其实，孩子已经长大了，因为他们已经开始有了叛逆心理。

男孩多多是一个叛逆心理非常严重的孩子。上初中三年级时，多多最想拥有一头五颜六色的卷发。当多多把这个想法告诉妈妈时，妈妈狠狠地批评了多多一顿。父母的态度很明确，一个中学生竟然想染头发，绝对不行。

但是没过几天，多多便偷偷把头发染了。老师给妈妈打来电话，说如果孩子不马上把头发染回来，就只有退学了。妈妈对多多好言相劝，但多多却"咚"的一声用房门把妈妈关在了外面。

由于青少年身体发育过快，早熟的迹象凸显，开始有了自己的想法，不同意父母的观点。很多父母反映，孩子变得很难沟通，不管家长说什么都不听。

安全教育大课堂

对孩子说："叛逆不是你的专利。"

叛逆期的孩子总认为自己很特别，跟别人不一样，认为自己有很多烦恼。作为父母，你应该告诉孩子："父母小时候也很任性，也非常不听话，爷爷奶奶也为我们操了不少心。但是，爸爸妈妈懂得自己安慰自己，慢慢长大一些，也就不再那么任性了。"

如何让我们的孩子不再“叛逆”

对孩子说：“叛逆不是你的专利，妈妈小时候和你一样……”

父母不妨给孩子一次做主的机会。

要教导孩子学会少说“不”。

家长可以指导孩子阅读一些关于儿童叛逆指导类的书籍。告诉孩子，叛逆不是他的专利，每个人都曾经历过叛逆期。孩子的心胸慢慢地开阔了，言行改变了，也就不会再那么固执，逆反心理自然就会慢慢减弱，直至消失。

让孩子学会少说“不”

很多时候，孩子并不是不同意父母的观点，而是为了表明自己与父母对立的立场，故意说“不”。家长说该洗澡了，他说“不”，其实他知道自己有多脏。家长说去写作业吧，他还是说“不”，其实他明白作业早晚是要写的。家长可以和孩子商量，能不能来个“约法三章”，在一天之内不许说“不”。当孩子不再说“不”的时候，叛逆心理就会治愈一大半。

让孩子站在父母的角度想一想

还有许多处于叛逆期的孩子，有了自己的思维和观点，就主观地认为父母的观点是错误的。那么，家长可以让孩子换位思考，对他说：“如果你是家长，我是孩子，现在问题全摆在这里，作为家长的你怎样解决呢？”当孩子站在家长的角度考虑事情时，许多问题就会迎刃而解。

叛逆期的孩子，常常会做出一些令父母无法接受的事情。父母在伤心难过之余，应该多想一想如何更好地引导和教育孩子。如果总是以一种高高在上的心理管束孩子，时间久了孩子的叛逆心理只会越来越重。

安全教育一点通

孩子产生叛逆心理，在某种程度上来说，是很正常的事情。这至少说明孩子在成长中开始独立思考了。家长不要因为孩子的不听话而暴跳如雷，更不能在孩子叛逆时期强迫孩子按你的想法去做事。孩子需要父母的正确引导，需要父母陪着他，一起度过人生中的一段苦闷而又彷徨的时光。

细节 54

怎样让孩子走出自卑的阴影

当孩子觉得自己很差劲时，家长一定不要吝啬对孩子的鼓励。当孩子有进步时，你要适时地夸奖孩子。这种夸奖不可过分夸张，但一定要发自内心。用欣赏、赞许、鼓励的目光看着孩子，带着微笑对孩子说："你真行！你真棒！"

爱玩爱闹是儿童的天性。但如果有一天，父母发现自己的孩子变得沉默，不爱与人交流，做事没有主见，不敢与人竞争时就应该提高警惕了。很可能，我们的孩子正被自卑心理困扰着。

亚宁一直在老家生活和学习。三年级时，爸爸妈妈把亚宁接到城里上学。然而，没过多久，父母发现原本开朗的儿子，变得沉默起来。他不像以前那样爱说话了，到了上学时间，磨磨蹭蹭不愿意走，在家里根本不提学校的事。一个学期以后，亚宁向父母提出，要回老家去上学。

原来，在老家时孩子的学习一直是拔尖的，在新班级里却只是一般。他土气的穿着，总是被同学偷偷议论。他普通话讲不好，每当在课堂上回答问题时，总是惹来一片嘲笑声。亚宁在新的班级里，感到很自卑，所以他产生了厌学的情绪。

严重的自卑心理，会使孩子养成悲观性格，这将对孩子的一生构成非常不利的影响。当孩子产生自卑心理时，父母千万不要对孩子失望，更不能一味地责备孩子，我们应该鼓励孩子走出心理问题的泥沼。

安全教育大课堂

对孩子说，爸爸妈妈和你在一起

自卑的孩子，往往会把自己孤立于群体之外。不积极发言，逃避回答问题，即使回答也会吞吞吐吐，或者直接说"我不会"。这时候，做家长的一定要对孩

怎样让孩子走出自卑的阴影

要对孩子说，爸爸妈妈永远和你在一起。

一定让孩子知道，在我们心中，你是最棒的！

告诉孩子，十全十美的人是不存在的。

子说，爸爸妈妈会一直和你在一起，不能让孩子产生被所有人抛弃的感觉。多和孩子交流，了解孩子的内心，然后和孩子一起找到解决问题的方法。

对孩子说，在我心中，你是最棒的！

孙女士的女儿英英非常自卑。每次上音乐课的时候，总是挑最后面的位子。每次回答问题的时候，都特别紧张。每次回到家，都会唉声叹气，说自己又丑又胖。最初时，孙女士忙于工作，对女儿成长并不太在意。后来，眼见女儿的情况越来越糟，孙女士非常苦恼。

后来，在一本亲子杂志上，孙女士找到了缓解女儿自卑的法宝。她开始夸奖女儿说："你一点也不比别的孩子差。在妈妈眼中，你是最棒、最漂亮、最优秀的。"孙女士通过反复地对女儿的肯定和鼓励，使孩子又找到了自信。

当孩子觉得自己很差劲时，家长一定不要吝啬对孩子的鼓励。当孩子有进步时，家长要适时地夸奖孩子。这种夸奖不可过分夸张，但一定要发自内心。用欣赏、赞许、鼓励的目光看着孩子，告诉孩子，你真行！

告诉孩子，十全十美的人是不存在的

孩子产生自卑心理，是因为觉得自己不如别人。告诉孩子，每个人都有自己的短处和不足。你在这方面不如别人，肯定会在其他方面比他要好。家长可以选用孩子最敬畏的人为例，与孩子作逆向比较。你或许家庭条件不如他好，可是你比他成绩要好；你或许长得不如他高，可是你要比他健康等，从而帮孩子找回自信。

安全教育一点通

家长要鼓励孩子，大胆去做自己想做的事。当然，也要告诉孩子，不去做超出自己能力的事，以免孩子受伤或者有挫败感。

如果孩子把事情办砸了，你应该告诉孩子不能过分自责，而是对他说："失败是成功的母亲。"这样孩子会减少负罪感，做事再不会畏首畏尾了。

细节 55

父母该怎样教育性格偏执的孩子

性格偏执的孩子总是眉头紧锁，闷闷不乐。他们最缺乏的就是微笑，最需要的也是微笑。微笑是自信的一种表现，说明自我感觉不错，对自己的状态相当满意。父母应该牵着孩子的手，笑着对他说："宝贝，请学会微笑，微笑会使我们更快乐。"

根据《中国精神疾病分类方案与诊断标准》的定义，有广泛猜疑、过分警惕和自卫、极度感觉过敏、易产生病态嫉妒、过分自负、没有宽容心、过高要求别人、思想行为固执死板、看问题片面主观、喜欢感情用事等行为特征的孩子，属于性格偏执。性格偏执的孩子，常常令父母头疼不已。父母应该正确地引导孩子，及时缓解孩子的偏执心理。

小辉是个很固执的孩子。他总是觉得自己很了不起，谁都不如自己。别人指出他做得不对，他就会生气。有一天，小辉说要吃大虾。妈妈对他说："大虾吃多了会引起皮肤过敏，你应该多吃蔬菜。"小辉把筷子一摔："我就要吃大虾！"考试成绩不理想时，小辉会埋怨同桌，还将同桌的手臂扎破了。老师批评他时，他却说老师太偏心，当着老师的面把试卷撕烂。

像小辉这样的孩子，如果家长不闻不问，任由孩子发展下去的话，长大后极有可能出现偏执型人格障碍。有的家长以为孩子是天生固执，有的家长感觉到孩子不对劲，却不敢去正视，担心别人说自己的孩子"有病"。其实，孩子的心理问题发现得越早，越有助于进行性格调整，对孩子的身心健康也就越有利。

安全教育大课堂

告诉孩子，要学会信任和尊重他人

性格偏执的孩子，最缺乏的是对别人的信任。他们敏感多疑，别人明明是好

父母该怎样教育性格偏执的孩子

告诉孩子，要学会相信他人。

告诉孩子，请记得对自己微笑。

当孩子感到苦恼时，要及时疏导和安抚。

意，他也不会领情。家长要告诉孩子，要学会认知自己，在心里摆正自己的位置，自信可以，但是不能轻视别人，更不能狂妄自大。让孩子知道，想得到别人的尊重，先要学会尊重别人。对别人不能过分刻薄，要学会容忍，看到人家有缺点，可以委婉地指出来，绝对不能嘲笑讥讽、恶语相加。

教孩子善于、勇于承认错误

告诉孩子，一个人要有主见，不能随风倒。但是也不能一意孤行，一条路走到黑。让孩子多听取身边人的意见。告诉孩子，如果他是对的，可以坚持，但是如果错了就不要固执己见，更不能为了给自己开脱找借口，把过错都推到别人身上。犯错误并不可怕，可怕的是不敢承认错误。当孩子学会了承认错误并且听取别人的意见，他的心胸也将会慢慢地开阔。

告诉孩子，请记得对自己微笑

性格偏执的孩子总是眉头紧锁，闷闷不乐。他们最缺乏的就是微笑，最需要的也是微笑。微笑是自信的一种表现，说明自我感觉不错，对自己的状态相当满意。父母应该牵着孩子的手，微笑着对他说："宝贝，请学会微笑，微笑会使我们更快乐。"这种方式，有助于引导孩子冲破心理障碍，让他对自己的未来充满信心，对如何处理好身边的事情胸有成竹。

微笑也是对别人暗示友好的一种方式。让孩子学会微笑，引导他变得宽容和随和。微笑可以帮助孩子走出偏执的阴影，把自己更好地融入到集体中去。

当孩子感到苦恼时，要及时疏导和安抚

那些偏执性格的孩子，由于经常遭到批评和反对，再加上没有知心的朋友，所以他们内心是非常苦闷的。孩子此时最需要的就是父母的帮助，所以，父母要从情感上认同孩子，对他们的烦恼应该表示同情和理解。平时要多和孩子聊天，让孩子把不满的情绪表达出来，这样将是对孩子的一种最大的理解和安慰。等孩子情绪稳定了，我们再开始做心理上的疏导，帮助他分析一下，为什么别人总是"敌对"你呢？问题会不会是出在你自己这边了？是不是你先排斥人家的呢？

父母都希望自己的孩子身体好、心情好。如果你发现自己的孩子出现了心理

失衡和心理障碍，也不要过于紧张，因为在孩子的成才过程中，心理疾病就如同伤风感冒一样，每个孩子都有可能赶上。要是一味掩饰拖延，反倒会成为真正的心理疾患。

安全教育一点通

父母无原则的溺爱，很容易导致孩子一味地任性，从而出现偏执心理。孩子与他人发生矛盾，父母不能把责任全部归咎于他人。

当孩子出现偏执心理时，父母要反省自己，看是不是太溺爱孩子了。如果是的话，你要先改正自己错误的言行，再针对孩子的偏执程度采取不同方式，引导他走出心理泥潭。

第 16 章

教孩子应对意外灾难的安全策略

细节 56

地震来了，孩子如何成功避震

到目前为止，地震仍然属于人类不可预测的难题。人类还没有达到准确预测地震的技术水平。地震的发生，显得非常偶然。于是，地震令很多人感到恐惧和不安。告诉孩子，虽然我们没法阻止灾难的来临，也无法告知他地震何时会来，但父母一定要让他懂得，如何在地震中学会求生、自救。

2010年4月14日，青海省玉树县发生7.1级地震，在此次地震中约有2220人遇难，70人失踪。灾难是可怕的，但更可怕的是人们不懂得自救逃生知识，尤其是身单力薄的孩子，在地震中惊慌失措，以致于丧失了求生的最宝贵的时机。

安全教育大课堂

孩子在家里，地震来了

很多住在楼房里的孩子，经常叫着说："如果地震来了，我就马上往下跑。"实际上，从地震发生到房屋倒塌，往往只有12秒左右的时间。这么短的时间，人是不可能安全跑出楼的。父母要告诉孩子，住在楼房里应该采取就近躲避的原则。躲到结实的床、桌子底下，或者躲到跨度较小的房间里。比如：卫生间、厨房，远离门窗的墙角等。

而住在平房里的孩子，如果离门很近，则需要立即冲到门外，到开阔平坦的平地上抱头蹲下，等待地震过去。

孩子在教室里，地震来了

孩子们在学校里上课，老师感觉到地在晃动，房子在摇摆。于是老师马上说："同学们，地震了！大家马上抱头、闭眼、躲在各自的课桌底下。靠墙根的同学，

地震来了，孩子如何成功避震

在家里，地震来了，让孩子学会如何自救。

在教室里，地震来了，让孩子学会如何自救。

适时地给孩子传授一些地震逃生的基本常识。

马上紧靠无窗户的墙根蹲下。”这是针对教室不在一楼的孩子们。如果孩子的教室正好在一楼，并且离大门很近，老师应该说：“地震来了，立即跑出教室。”

为了躲避余震，地震过后孩子们要在老师的指导下，有秩序地疏散到操场上。有些孩子乱跑乱叫是不对的。因为那样做，不但不利于学校疏散工作的展开，而且还有可能会受到余震的伤害。

孩子在户外，地震来了

如果孩子正在大街上行走，突然感觉站立不稳，这就说明地震来了。父母要告诉孩子的是，不能在高楼下、广告牌下、狭窄的胡同、桥梁下等危险的地方停留。在这些地方停留，被砸伤、掩埋的可能性非常大。孩子更不能去抓、扶、靠身边的门柱、墙壁和电线杆。这些原本看起来非常牢固的物品，到了地震时都是非常危险的。让孩子明白，最危险的地方还有玻璃窗下，因为地震时玻璃会碎裂，掉下来会把人扎伤。

孩子在车上，地震来了

告诉孩子，当他们在公共汽车上时，就算地震来了也不要惊慌害怕。孩子要在座位上坐好，双手撑直紧握住前排椅背上的扶手。提醒孩子，如果他在一个靠窗的位置，一定要用衣服、书包等保护好头部，以免玻璃震碎后被划伤。同时为了降低重心，让孩子一定要低着头。当汽车停稳后，告诉孩子不要盲目地拥挤下车，以防被挤伤、挤倒或踩伤。

地震逃生的五大原则

不跳楼的原则：有些人住在高层大楼里，一听说地震来了，吓得不知所措后，想从窗户里跳下去逃生。这样做是不可取的。因为，跳楼不但使自己不能得救，反而会被摔得粉身碎骨。

不坐电梯走楼梯的原则：地震时乘电梯下楼是件非常危险的事件，因为一旦停电，电梯就无法正常工作。人被困在电梯里以后，无法与外界取得联系，情况就会更加糟糕。最好的办法是走楼梯。

保护头部的原则：地震发生时，孩子们应该用被褥、枕头、脸盆等物品保护住自己的头部、脸部，以防受伤危害到生命。

就近躲避的原则：地震来时，要选择就近躲避，千万不要贸然下楼，也不要贸然向外跑。在楼房里，选择在较小的房间或者结实的桌椅下躲避，同样可以逢凶化吉。

常备应急包：应急包里装一包方便面、一包饼干、一瓶矿泉水、一个手电筒、一把小刀、一点外伤药、一只铜口哨、一台收音机和一些贵重物品。应急包虽然小，但里面的东西都是用来救命的。平时把应急包准备好，到地震来时背上就跑。

有很大一部分父母，总是不愿意跟孩子提起“地震”这两个字。因为，每当我们提起这两个字时，孩子就会吓得露出惊恐的眼神。你要告诉孩子，地震没有什么可怕的，只要学会了安全避震就可以化险为夷。

安全教育一点通

被埋后，孩子需要轻轻地挪开身边的杂物，扩大活动空间。同时想办法用砖石、木棍把残垣断壁支撑起来，以防余震时内部结构倒塌把自己砸伤。

告诉孩子，在危急时刻要保存体力，不能乱喊乱叫。听到外面有声音时，再大声喊救命。如果孩子身边有水管、暖气管时，可以用硬物敲击它们。这些声音，比呼喊声要大得多，而且更容易引起救援人员的注意。

细节 57

雷雨大作，孩子怎样避雷

父母们不禁要问，难道孩子在家里会受到雷电的威胁吗？当然。当孩子在家中接打手机、电话时，也会有被雷击的危险。父母要告诉孩子，雷雨天不要随便外出，不要接打电话和手机。

雷雨天气中，孩子最怕受到的伤害往往是雷击。父母千万不要小看了雷击，因为我国每年因雷击而致死、致残的儿童，并不是少数。

星期天，三个初中生一清早就去爬山。快要爬到山顶的时候，天气突然由晴转阴，转瞬间雷雨交加。三个孩子来不及躲避，被雨水淋透成了落汤鸡。无奈之下他们跑到接近山顶的一棵孤树下避雨。一声震耳欲聋的爆炸声响彻云霄，三个男孩全部被雷击中，无一幸免。

发生在孩子身上的每一幕惨剧，都是父母所不愿意看到的。如果孩子不懂得避雷的安全知识，发生意外的可能性会很大。只有让孩子掌握了一定的避雷知识，他们才能有效地保护自己。

安全教育大课堂

雷雨天，孩子在大街上如何避雷

如果孩子在大街上行走，可以到店铺、超市、银行、邮局、商场等公共场所去避雨。等雷雨过去后，再走出来去学校或者回家。在城市里，每座高层建筑上都装有避雷针，所以让孩子到高层建筑下的一楼台阶上去避雷避雨，都是非常安全的。

雷雨天，孩子在旷野上如何避雷

假如孩子在空旷的野外，一时找不到可以避雷避雨的场所，如果不想被雷击

雷雨大作，孩子怎样避雷

雷雨天，让孩子学会在大街上如何避雷。

雷雨天，让孩子学会在旷野上如何避雷。

雷雨天，让孩子学会在室内如何避雷。

中，首先要蹲下（为了降低身体的重心），然后把双脚并拢，双手放在膝盖上，身体前屈（这样做是为了减少人体与地面的接触面积）。但是要告诉孩子，千万不能躺在地上、土沟或土坑里，因为这样做反而会不安全。提醒孩子，不能靠近铁轨、长金属栏杆及其他庞大的金属物体，否则会很容易被雷电击中。

雷雨天，孩子在山上如何避雷

当孩子在山上时，正好遇到雷雨天气，家长要告诉孩子应该快速下山。如果顺路的话，孩子可以到相对安全或有避雷设施的地方去避雷。提醒孩子不要在山顶的孤树下避雨，更不能停留在山顶的制高点上。

有的孩子会在山上看到帐篷，以为那里可以作为避雷场所。但是，孩子们却不知道，一般的帐篷是没有避雷设备的。所以说，一些没有避雷设施的高大物体，是不可以靠近的。如电线杆、旗杆、干草堆、帐篷等。

雷雨天，孩子在室内如何避雷

当孩子在家中接打手机、电话时，也会有被雷击的危险。父母要告诉孩子，雷雨天不要随便外出，不要接打电话和手机，以防自己成为雷击的目标。

安全教育一点通

1. 在户外避雷时，尽量穿塑料雨衣，因为塑料雨衣的避雷效果最好；
2. 提醒孩子，尽量不要打铁柄的伞；
3. 不管在户外还是室内，都不能在雷雨大作时接打手机；
4. 雷电天气里，不要骑马、自行车和摩托车。

细节 58

宿舍遭遇火灾，孩子如何逃生

告诉孩子，一旦受到火灾的威胁，千万不要惊慌失措，要冷静地确定自己的所处位置，根据周围的烟 、火光 、温度等分析判断火势，不要盲目采取行动。快速观察好后，再马上行动。

学生宿舍是孩子存放衣物和生活用品的地方。如果孩子不注意消防安全，引发火灾，将会直接威胁到孩子的生命安全。父母应该教会孩子必要的自救、逃生知识。否则，孩子所在的宿舍发生火灾后，他不知道如何自救，也不知道如何逃生，那么就只有等死的份了。

某个星期天的下午，在一所高中的宿舍内，3 个女孩在午休。由于一名女生出门前把烧水器插上电，没有及时拔掉，引发火灾。其中一名女生被烧伤后顺利逃出宿舍，其他两名女生相继从 4 楼的窗口跳下，因严重摔伤而当场死亡。

很多孩子发现火情后应对能力差、火灾逃生知识匮乏，才导致了悲剧的一次次发生。 这是每个父母都不愿意看到的，但它却无可挽回地发生了。孩子花儿一般的生命，就这样凋零了。

安全教育大课堂

身处火场之中，要迅速逃走

孩子发现同学的铺位上“火冒三丈”，除了大声告知宿舍里的同学外，还应该马上向宿舍外面跑，找到学校的老师和保安，请他们帮助灭火。如果孩子不能抓住有利时机，火势一大，房门便不容易被打开。

无法从火场中逃脱时，要迅速求救

假如宿舍的房门已经无法打开，孩子就要跑向窗口，用手晃动颜色鲜艳的衣

宿舍遭遇火灾，孩子如何逃生

让孩子知道，身处火场之中，要迅速逃走。

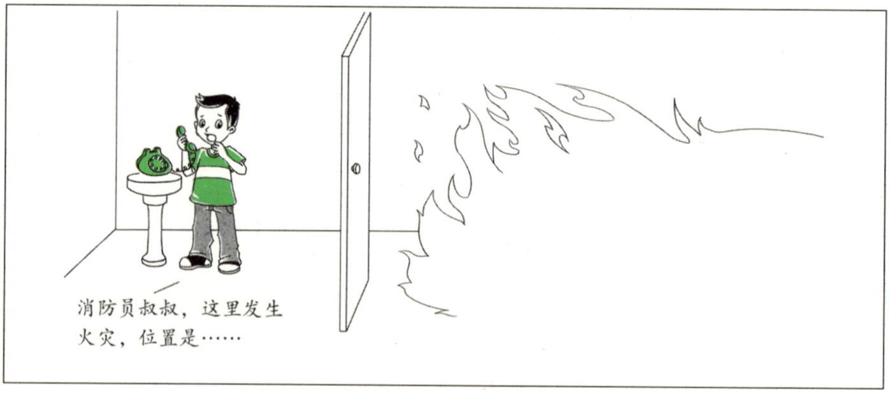

告诉孩子，当无法从火场中逃脱时，要迅速求救。

告诉孩子，等待救援的过程中，要积极寻求自救。

服、床单等，向老师和同学大声求救。如果孩子身边有手机，应向保安室电话报警或者直接打火警电话 119 报警。如果宿舍有阳台，孩子可以躲避到阳台上，然后把通往阳台的门窗关严、关紧，以防火势蔓延到阳台，危及自己的生命。

如果门外是熊熊燃烧的大火，孩子无法走出房间，应该把房门关闭，并且用湿布、湿衣服堵在门缝处，以防烟雾漫进房间。同时，孩子还应该向门上不停地泼水，防止火烧进来。

等待救援的过程中，要积极寻求自救

在等待救援的过程中，孩子应该积极地寻求自救。最好用衣服、毛巾、湿布、枕巾等物（最好是湿的），捂住口鼻，呈弯腰或者匍匐状。如果条件允许的话，孩子应该用水把自己的身体和头发打湿，然后把湿的棉被披在身上，寻找一个火势较小、靠窗的位置静静地等待。孩子拼命哭喊，只会自己吞下更多的浓烟和灰尘颗粒，很容易造成窒息。

闯出火场或浓烟区，要匍匐前进

如果火场不在孩子所在的房间，但浓烟已经布满了整个楼道。此时，孩子应该向与火源相反方向的楼梯、安全通道撤离。在从房间里出来之前，孩子应该用水浇湿衣、帽、鞋袜，并且把浸湿的棉被或毛毯等物披在身上。再拿上一块湿毛巾，用它捂住口鼻，低头、弯腰，手扶墙壁快速地撤离。

安全教育一点通

1. 在等待消防员救援时，不要大喊大叫，以免吸入更多烟尘颗粒；
2. 高楼失火，千万不能盲目地从窗口跳出，否则，只有死路一条；
3. 身上着火以后，采用就地打滚法灭火，或者跳入水盆中、浅水池中灭火；
4. 消防员在地面上铺好救生气垫，孩子跳下时，应该张开四肢，让背部最先着地。

细节 59

龙卷风来袭，孩子如何安全避灾

龙卷风是一种威力强大的旋风，常常在夏天的雷雨天气时发生，下午和傍晚最多见。它的平均直径在几十米到几百米之间，袭击范围不大，“生命”也很短，但破坏力却非常强大。

龙卷风对人类来说是一个高超的“破坏专家”，它所到之处庄稼被毁，树木被连根拔起，屋顶被掀翻，严重的时候还能把人吹上天。可以说，龙卷风对人类家园的破坏是毁灭性的，对人类的生命安全也构成了极大的威胁。如果孩子不懂得如何躲避龙卷风，发生意外的可能性将会非常大。

2010 年 5 月 15 日，黑龙江省绥化市遭遇了特大龙卷风的袭击，受灾人数三千多人，近 400 间房屋倒塌，5 人死亡，52 人受伤。老百姓的房子被吹翻，校舍被毁，大树被吹倒，电线被刮得七零八落，缠绕在树枝上像巨大的蜘蛛网。

灾难离我们并不遥远，因为自然带来的灾难随时都可能会发生。安全知识匮乏，使孩子们在灾难面前变得不知所措。让孩子认识龙卷风，并且成功躲避龙卷风，才是保证他们生命安全的“法宝”。因此，对孩子进行龙卷风安全躲避知识的教育，非常有必要。

安全教育大课堂

孩子在室内，应该躲进较小的房间，或者地下室

很多孩子一看见龙卷风来了，马上会吓得不知所措。有的孩子干脆像躲避地震一样，趴到结实的桌子底下；还有的孩子会藏到柜子里。但是，“大力士”龙卷风经过时，首先会把房子的屋顶掀翻，然后把屋里的桌子、椅子、柜子、棉被之类的东西卷走，最后抛到几米或几十米以外的地方。所以说，孩子躲在桌子下或柜子里，根本无法躲避龙卷风。

龙卷风来袭，孩子如何安全避灾

在室内，让孩子用枕头、衣服等包住头部，向与龙卷风方向相反的墙壁蹲下。

在野外遇到龙卷风，让孩子远离大树、电线杆。

在乘坐汽车时遇到龙卷风，让孩子不要留在车内，迅速寻找安全的地势。

孩子应该在老师或家长的指导下，用书包、书本、枕头、衣服等物包住头部，然后面向与龙卷风方向相反的墙壁蹲下，等龙卷风过去之后，才可以起来。当然，也可以让孩子躲到较小的房间里，最安全的地方莫过于地下室和半地下室。提醒孩子，一定要远离门、窗户和房屋的外围墙壁。

在野外遇到龙卷风，要远离大树、电线杆

在野外遇到龙卷风，是件令孩子们非常害怕的事情。因为野外往往比较空旷，找不到可以有效躲避的场所。而有的孩子不想被风卷起，便跑去紧紧地抱住大树或者电线杆。其实，龙卷风最喜欢跟大树和电线杆较劲儿了。大树和电线杆是它最主要的袭击对象。而孩子这时候跑去跟大树“生死与共”，岂不是自己找苦吃嘛！

在野外遇到龙卷风时，孩子应该迅速跑到龙卷风前进的相反方向或者侧面去躲避。父母应该告诫孩子，千万不要和龙卷风比赛跑。龙卷风的风速每小时可达上千米。应该让孩子寻找低洼的地势，闭上口、鼻、眼睛，同时用手臂护住头部趴在地面上。提醒孩子，一定要远离大树、电线杆、旗杆，以防被砸伤、压伤和触电。

龙卷风的“生命”很短，最长不过数小时，最短的只有几秒、几分钟，但破坏力却非常强大。只要孩子们掌握了相应的躲避技巧，就可以成功躲避龙卷风的袭击。

安全教育一点通

龙卷风来时，如果时间充裕的话，大一点的孩子应该迅速打开与龙卷风相反方向的门窗，从而使室内外气压平衡，有效地避免大风把屋顶掀翻，把墙壁吹倒。

如果孩子正在乘坐汽车时，发现龙卷风由远而近，则千万不要留在车内。迅速寻找安全的地势，用安全的方式躲避。

细节 60

沙尘暴铺天盖地，孩子如何保护自己

一到大风、沙尘天气，医院接诊最多的就是沙眼、咳嗽、过敏发炎的孩子。有些孩子的眼睛因吹进沙粒，而导致沙眼、角膜发炎。有的孩子因吸入太多的尘埃颗粒物，而引发呼吸道感染。

春暖花开，春风送暖，春意融融，春意盎然……看，有多少美妙的词语来形容春天啊。孩子被寒冷禁锢了一个冬天，正好趁着这个季节出去伸展一下自己。可是，在我国的北方，说不定哪天风力大一些，就会出现扬沙天气，甚至形成沙尘暴。如何防止沙尘暴对孩子的侵害？

2010 年 4 月 23 日，我国多个省市出现沙尘暴天气。甘肃省民勤县的强沙尘暴天气，让局部时段的能见度几乎为零。不仅如此，内蒙古西部的多个县市也遭受了强沙尘暴袭击，沙尘所到之处到处都是漆黑一片。大风把人们的房顶掀翻了，城镇街道上，广告牌、树木被吹得东倒西歪，一片狼藉，人在风沙中根本无法行走，汽车也被迫停驶。

沙尘暴不但严重影响了人们的工作和生活，而且给孩子的身体健康也带来了严重的威胁。沙尘天气中，大风中携带着大量的尘埃颗粒、花粉、细菌以及病毒。孩子的抵抗力较差，很容易因沙尘暴而引起各种疾病。

安全教育大课堂

沙尘暴天气，要尽量减少孩子外出

据北京市某儿童医院的张医生透露：一到大风、沙尘天气，医院接诊最多的就是沙眼、咳嗽、过敏发炎的孩子。有些孩子的眼睛因吹进沙粒，而导致沙眼、角膜发炎。有的孩子因吸入太多的尘埃颗粒物，而引发呼吸道感染。

沙尘暴天气里，出行是非常不安全的。由于沙尘飞舞，能见度降低，会影响

沙尘暴铺天盖地，孩子如何保护自己

沙尘暴天气，要尽量减少孩子外出。

出行时，一定要给孩子准备好帽子、丝巾、口罩。

告诉孩子，从沙尘暴中归来，要及时清洗身体。

自己和他人的视线；大风会吹断杂物、树枝，砸伤孩子；发生沙尘暴时，风力很大，走在河道、沟渠、湖泊、水库旁边时，就有被风吹下去的危险。

沙尘暴天气，应尽量关闭门窗，保持室内温度

细小的沙尘造成孩子的过敏反应，对花粉、柳絮等过敏的孩子一定不能外出，有哮喘病史的孩子，也一定不能外出。沙尘暴发生时，要关好门窗，防止太多的沙尘被吹进室内，等大风过后要及时开窗通风。屋内要保持一定湿度，用加湿器加湿，或者多洒水。因为室内也有细小沙尘，清洁室内卫生时要用湿拖布拖地；擦拭器物时要用湿布，以免扬尘。

出行时，帽子、丝巾、口罩少不了

告诉孩子，如果必须在沙尘暴的天气里到室外，要提前做好防护。用丝巾把头部包裹起来，这样既能看清事物，又能减少沙尘对面部的直接冲击。孩子出门必须戴口罩，最好戴防尘和防微粒口罩。

告诉孩子从沙尘暴中归来，要及时清洗身体

沙尘中携带着大量的花粉、病毒和细菌。当孩子穿越沙尘回到家时，你一定要让孩子及时换掉脏衣服，然后让孩子用清水漱口，清除口腔内的沙尘；鼻腔内也要细心清洗，以免过敏或者感染。条件允许的话，最好让孩子洗个澡。

如果有沙子进入了孩子的眼睛，一定不能让他用脏手去揉搓。应该用清水反复冲洗，冲洗不出来时，马上去医院就诊。

安全教育一点通

1. 大风天气中，孩子外出时最好选择宽敞的马路。不能离高大的树木太近，免得被折断的树枝砸伤；

2. 大风扬沙天气中，人体皮肤表面的水分缺失严重。除了让孩子清洗面部外，还应该给他涂上一点补水护肤品；

3. 父母要让孩子多喝水，身体里的水分才能得到及时的补充。